"经贸汉语口语"系列教材

第4版
The Fourth Edition

BUSINESS CHINESE CONVERSATION
(Intermediate)

经贸中级汉语口语

上 I

主　编：黄为之
参加编写人员：杨廷治　陈　辉　黄锡之
杨天舒　成伟武

北京语言大学出版社
BEIJING LANGUAGE AND CULTURE UNIVERSITY PRESS

图书在版编目（CIP）数据

经贸中级汉语口语．上 / 黄为之主编．—4 版．—
北京：北京语言大学出版社，2017.12（2024.8 重印）
ISBN 978-7-5619-4847-7

Ⅰ．①经… Ⅱ．①黄… Ⅲ．①经济－汉语－口语－对
外汉语教学－教材 Ⅳ．① H195.4

中国版本图书馆 CIP 数据核字（2017）第 183684 号

经贸中级汉语口语（第 4 版）· 上
JINGMAO ZHONGJI HANYU KOUYU（DI-SI BAN）· SHANG

排版制作：北京创艺涵文化发展有限公司
责任印制：邝 天

出版发行：北京语言大学出版社
社　　址：北京市海淀区学院路 15 号，100083
网　　址：www.blcup.com
电子信箱：service@blcup.com
电　　话：编辑部　8610-82303647/3592/3395
国内发行　8610-82303650/3591/3648
海外发行　8610-82303365/3080/3668
北语书店　8610-82303653
网购咨询　8610-82303908
印　　刷：北京市金木堂数码科技有限公司

版　　次：2017 年 12 月第 4 版　　印　　次：2024 年 8 月第 6 次印刷
开　　本：787 毫米 × 1092 毫米 1/16　　印　　张：18
字　　数：332 千字
定　　价：55.00 元

PRINTED IN CHINA

第四版前言

当前，中国经济已经高度融合于世界经济体系，中国倡导的合作共赢、打造全球命运共同体的理念，越来越具有世界影响，中国经济在更高层次上的新一轮改革开放格局，已经形成。“一带一路”的建设对亚欧非乃至全世界经济产生重大影响；“亚投行”作为开放包容、互联互通的成果，助力于亚洲经济圈发展；“中国制造”涌现出众多高端名牌产品，引起了全世界的关注和争购；中国企业走向世界，成为全球资本市场最活跃的投资生力军；“互联网＋”的万众创新，日益改变着社会经济形态和生活方式。所有这一切，正在深刻改变世界经济和国际贸易格局。我们的经贸汉语教材，应该对这种新常态、新趋势、新情况，做出及时反映和解读，这对外国留学生了解中国的现实情况，会有很大帮助。

本次修订版保留了原书的体例和基本内容，增加了四篇新课文，修改了部分课文，增加了一些练习。

黄为之

2017 年 6 月

Preface to the Fourth Edition

At present, China's economy has been highly integrated in the world economic system and embraces a new round of reform and opening up at a higher level, with its concept of win-win cooperation and global community of common destiny enjoying greater influence around the world. The Belt and Road initiative exerts deep influence on Asia, Europe, Africa and even the whole world. The Asian Infrastructure Investment Bank, as a result of openness, inclusiveness, and interconnection, promotes the development of the economic circle of Asia; with the emergence of many high-end brand-name products, "Made in China" attracts so much attention that people rush to buy them; Chinese enterprises reach out to the world and become the most active investment force in global capital market; the innovative "Internet +" changes social and economic patterns and lifestyles day by day. As a result, the world economy and international trade pattern undergo profound changes. Our business Chinese textbooks should reflect and interpret the new normal, new trend and new situation in a timely manner so as to help foreign students in understanding China's reality.

The revised edition, on the basis of the original style and basic content, modifies some texts and adds four new ones and some exercises.

Huang Weizhi

June, 2017

第三版前言

这次“经贸汉语口语”系列教材再版，主要做了四方面的修改：

一、《经贸初级汉语口语》上册，原来只有1～10课的课文配有拼音课文，现在根据外国留学生的要求，为了初学者学习口语的方便，增补了后16课的拼音课文；下册每课练习最后一题的小故事，对初学者也有一定的难度，这次修改也一并删去了。

二、世界发展很快，为能与时俱进，修改一些陈旧的信息是必要的，如改“对外经济贸易合作部”为“商务部”，改“欧洲共同体”为“欧洲联盟”，改“关贸总协定”为“世贸组织”；欧元流通以后，法国法郎、德国马克等已不再流通，也做了相应修改；书中引用的各种数据，有许多变化，凡是能查到的，都修改征引了最新资料，等等。

三、修改了部分课文、注释和练习，以反映社会生活和经济生活的巨大变化。

四、修订了一些打字排版的错误和书写不规范之处。

这次修订一定还有不尽如人意的地方，欢迎专家、同行、外国朋友和留学生指正。

对外经济贸易大学
黄为之
2006年5月

Preface to the Third Edition

The major changes of this edition of *Business Chinese Conversation* include the following four parts:

Firstly, as only texts in the first 10 lessons of *Business Chinese Conversation* (*Elementary*) were supplied with *pinyin* in the previous editions, *pinyin* texts of the other 16 lessons have been added for the convenience of foreign Chinese beginners. Short stories in the last exercise of each lesson in Book Two are deleted to decrease the difficulty for beginners.

Secondly, changing old terms is necessary along with the development of the world. For example, "Ministry of Foreign Trade and Economic Cooperation" has been changed into "Ministry of Commerce", "European Communities" into "European Union" and "General Agreement on Tariffs and Trade" into "World Trade Organization". As francs and marks are taken out of circulation, they are replaced by euros. Latest data are used to replace the old ones as long as they are available.

Thirdly, some of the texts, notes, and exercises have been revised so as to mirror the great changes in social and economic lives.

Fourthly, some typos and nonstandard writings have been corrected.

We realize that this edition is not free of errors and shortcomings, and suggestions from experts, fellow teachers, foreign friends and students are welcome.

Huang Weizhi
University of International
Business and Economics
May, 2006

再版前言

《经贸中级汉语口语》1992年出版后，受到社会各界的热烈欢迎，被各院校和自学者广泛采用。出版至今，中国的经济贸易形势发生了很大变化，有许多新的内容、新的语言需要学习；在教学实践中，我们也积累了经验，听取了各方面的意见，觉得对这本口语教材，现在进行修订、再版，是适时的。

2001年新版《经贸中级汉语口语》，在保持初版体例和优点的基础上，做了全面修改。全书从原来的20课增加到40课，由一册分为上、下册，原有的内容做了调整，增加了经贸领域出现的新话题、新词语。上册以货物贸易为主要内容，以贸易洽谈为中心，增加了“信用管理”“网上贸易”等新的国际贸易运作方式；下册以“大经贸”为主要内容，从“全方位开放格局”的角度，展现经济贸易各个领域的专业内容和专业语言，更加适应当代中国和国际经济贸易实务。我们相信，这个新版本会在更高的水准上满足教师和学习者的需要。

2001年新版《经贸中级汉语口语》的英语翻译是黄震华教授。

对外经济贸易大学
黄为之
2000年2月

Preface to the Second Edition

Since its publication in 1992, *Business Chinese* (*Intermediate*) has been well-received by people from all walks of life and adopted as a textbook by many universities, schools and autodidacts. Since its publication, China's situation of economy and trade has undergone great changes, providing many new contents and expressions worth learning. We have also accumulated considerable experiences in our teaching practice and listened to suggestions and comments from different sources. We feel now it is the right time to revise the book and publish the revised edition.

While maintaining the format and the merits of the first edition, the 2001 revised edition of *Business Chinese* (*Intermediate*) is the outcome of a comprehensive revision. The book has been extended from 20 lessons to 40 lessons, and is now divided into two books. The original contents have been adjusted, with new topics and expressions in the realm of economy and trade added. Book One mainly deals with trade in goods, with business negotiation as its center, and new modes of business operation such as "credit management" and "e-commerce" added. Book Two takes "broadly based economy and trade" as the main content. From the angle of "the layout of all-round opening", it unfolds the various fields of economy and trade and their specific substance and language, thus being better suited to the contemporary economic and trade practice at home and abroad. We believe that this new edition will, at a higher level, meet the needs of teachers and learners.

The English translation of the 2001 revised edition is done by Professor Huang Zhenhua.

Huang Weizhi
University of International
Business and Economics
February, 2000

原版前言

伴随中国对外开放的进程，外国人同中国的经济合作与贸易往来，出现了空前未有的高涨热潮。这种高涨的“经贸热”，使大有燎原之势的“世界汉语热”变得更加红火炽热。世界各国的贸易客商，想在华做生意，恨不能三日、五日，十天、半月就学好汉语。为了适应这种“经贸热”，满足外国朋友学习经贸汉语的要求，我编写了这本教材。

这本《经贸中级汉语口语》是供具有初级汉语水平的外国朋友使用的专业汉语教材，共20课，1016个生词。内容涉及外国人在中国做生意的各个方面，从建立联系渠道，到洽谈的各个环节，乃至近十年来，在中国大地上兴起的“三资”企业、经济特区、开放城市、乡镇企业、农贸集市以及中国的改革开放政策，等等。这些内容，反映了中国实行改革开放以来，对外经济贸易方面的新形势、新课题、新词语。每一课由课文、生词、练习三部分组成。课文都用对话体，是标准的普通话；生词有汉语拼音和英文注释；练习分A、B两大组。A组是重点词语的例解和练习；B组以灵活运用新课文的语言知识为主，适当重现旧课文的语言知识。在B组还有一篇短文，内容风趣，语言生动，为学员提供了当今中国广泛的风俗民情；外国友人在中国做生意，稔熟这些风俗民情也是必不可少的。考虑到经贸中级汉语专业性强，语言难度大，我们特别把20课课文全部译成英文，附在全书之后，这样可减少学习中的困难，帮助外国朋友更准确地理解和运用汉语。书后附有生词总表。

现在常用的对外汉语教材，每一课都由包括“注释”或“词语例释”在内的四部分组成，本书没有完全采用这种体例，省去了“注释”或“例释”部分。我是这样考虑的：凡是需要学生掌握的，就不仅要让学生弄懂，更要让学生会用；所以在“注释”或“例释”之后，应该紧紧伴随适量而有效的练习；如果不要学生掌握，只为理解生词或课文，则只需查查字典或课上点明即可，不需有详尽烦琐的“注释”“例释”，这样，学生可省去许多精力。

对外经济贸易大学对外贸易理论教授孙玉宗先生审阅全部课文，保证了本书经贸专业知识的科学性；由对外经济贸易大学外贸英语系主任黄震华教授负责全书的英文注释和翻译，黄教授在英译过程中，还对本书的内容提过许多宝贵的修改意见；英籍专家 Angela O'Connell 女士校阅过全部英文译文；对外经济贸易大学校长孙维炎教授最后审定了全书。国家对外汉语教学领导小组办公室诸位领导同志，给本书的编写、出版给予了指导和帮助；我校校领导、出版社和外事处的同志们，都给这本书的出版以大力支持。在此，一并表示由衷的感谢。

对外经济贸易大学

黄为之

1991 年 5 月

Preface to the First Edition

Along with China's opening to the outside world, there has emerged an unprecedented upsurge among foreigners in developing economic cooperation and trade contacts with China. This growing "craze in economy and trade" has added to the "world's desire to learn Chinese language", which has spread like a prairie fire. In order to do business in China, many businessmen from all over the world wish that they could learn Chinese in no time. Faced with this "craze in economy and trade", we have compiled this textbook so as to meet the desire of foreign friends to learn business Chinese.

Business Chinese (*Intermediate*) is a Chinese textbook for professional purpose designed for those who have already acquired elementary Chinese. It consists of 20 lessons, with 1 016 new words and expressions in all. Its contents cover all aspects that concern a foreigner doing business in China, from the channels of establishing relations to all sections in business negotiations. It also introduces such phenomena as the three types of foreign-invested enterprises, special economic zones, open cities, township enterprises, farmers' markets, and China's reform and opening-up policy, which have emerged in China during the past 10 years and more. These contents reflect the new situation, topics and expressions used in foreign economic relations and trade since China's reform and opening to the outside world. Each lesson comprises a text, new words and exercises, three parts in all. All the texts are in dialogue form, written in standard Chinese. The new words and expressions are introduced with *pinyin* and English explanations. Exercises fall into sections A and B. Section A consists of exemplifications and exercises on key words and expressions, while Section B is mainly for the purpose of flexible practice of the linguistic knowledge learned from the new lesson, and also for review of what was learned in previous lessons.

Also included in Section B is a short article which is lively and humorous. These short articles provide the learners with broad knowledge about present customs and conditions of the Chinese people. Getting familiar with these customs and conditions is also indispensable for foreign friends to do business in China. Considering that a textbook of business Chinese at the intermediate level is rather specialized with considerable difficulty of language, we have translated all the 20 Chinese texts into English and attached them to the back of the book. We hope that this will help to reduce the difficulty in learning, and to develop a more accurate understanding of and a higher level of proficiency in the Chinese language. A vocabulary list is provided at the back of the book.

The usual format of a Chinese textbook for foreign learners is that each lesson consists of four parts including a part called notes or exemplifications. We have not exactly followed this format in this book, but have omitted the notes and exemplifications. Our reasons are as follows: For the points that the learners should have a good command of, a mere understanding about them is inadequate. We must ensure that the learners can use them competently. Therefore, the notes or exemplifications must be followed by considerable amount of effective exercises. However, for those points that the learners do not have to master, the learners only need to look them up in the dictionary for the sake of understanding the text or the new words, or a brief mentioning in class will be sufficient. There is no need to include detailed notes and exemplifications for these points, and thus a large amount of the learners' energy can be saved.

Professor Sun Yuzong, a professor of foreign trade theories at our University, went over the manuscript so as to ensure that the knowledge embodied in this book about foreign economic relations and trade is correct. Professor Huang Zhenhua, Dean of the Faculty of International Business Communications of our University, did the English translation for all the texts and explanations. In the course of translation, he also gave many valuable suggestions and amendments to the contents of the book. Ms Angela O'Connell, a British expert working at our University, went over the English translation. And Professor Sun Weiyan,

President of our University, finalized the manuscript of the whole book. Leading members from the National Office for Teaching Chinese as a Foreign Language have provided concrete guidance and financial support for the compilation and publication of the present book. Leading members from our University, and comrades from our University Press and Foreign Affairs Office have also given substantial support to this book. I hereby extend my heartfelt thanks to all those who have made contributions to the compilation and publication of the present book.

Huang Weizhi
University of International
Business and Economics
May, 1991

使用说明

对外汉语教学有许多特点。就学习者来说，他们来自不同国家，不同民族，有不同经历和不同文化背景，在学习汉语时，会明显表现出各自的特殊性和彼此的差异性；就教师来说，每一个教师，都有自己的教学个性和教学经历，教学风格和教学方法。鉴于此，不可能有一个整齐划一的教法与学法，我们这里的“使用说明”，仅仅是一个建议，供使用这套“经贸汉语口语”的教师和学习者参考。事实上，许多问题已经在这套书各册的前言中说到了，这里就不再重复，现在只做如下几点补充说明。

这套“经贸汉语口语”虽然是从零学起，但它“采用了低起点，大容量，高密度，分阶段而又大步推进的强化训练教学法”。从上面一段话，我们知道，这套书涉及的内容很广，又有相当的难度，一个学期大致要学完一册书，因此，预习和复习，就显得特别重要，尤其是预习，学生更要多花些时间，多下些功夫。像课文中的生词和语法点，书中已有简明扼要的注释，学生可以自学习得，教师只需讲解其中的难点，做些熟巧练习；每一篇课文，应要求学生在预习时，通过学习生词和参看课文的英语翻译，能比较顺畅地阅读下来并基本理解，教师可通过师生互相问答，检验学生阅读与理解的程度，讲解其中的疑难问题；课文中有关文化知识的注释及课文后的一篇短文，也要以自学为主。有些练习，也当做如是处理。不要把有限的课堂时间耗费在课文及相关材料的阅读上，要以课文和这些材料为“谈资”，开展生动活泼的谈话；“大容量”，要求许多东西在课下消化；“高密度”，则要求合理有效地利用时间，强化口语训练。总之，教师与学习者，都要有一个牢固意识，这是一部口语教材，练习口语，习得一口流利的汉语，是这套教材的终极目的。

与上述问题相关的，是在教与学的过程中，如何抓住重点。以这套书的《经贸中级汉语口语》和《经贸高级汉语口语》为例，每一课都是生词量大，内容多，篇幅也相对长，试图在一个教学单元时间里（4 ~ 6 课时），把课文中出现的全部生词和全部内容都学会、都掌握，一般来说，几乎是不可能的。要善于根据课文题目的提示，找出每一课的关键词、重点句和核心内容，学会和掌握这些关键词、重点句和核心内容即可，其余的，在以后的重现中会逐渐习得和熟悉。教材在编写过程中，十分重视新知识的重现率和温故而知新的学习渐进性，老师和学习者都不需担心顾此失彼。

《经贸初级汉语口语》上、下册一共 54 课，每课 4 课时，一周 6 课时；《经贸中级汉语口语》上、下册一共 40 课，每课 4 ~ 6 课时，一周 6 课时；《经贸高级汉语口语》上、下册一共 32 课，每课 4 课时，一周 4 课时。如果条件允许，尽可能多安排一些课外实践活动。如《经贸初级汉语口语》，每一个话题都有“课内”和“课外”两篇课文，在学习“课外”一篇课文前，一定要学生走出去，学生在社会上会得到许多新鲜的东西，“课外”课文就变活了；学习《经贸中级汉语口语》时，可以组织去观摩正式谈判，或观看正式谈判录像，也可以到市场演练货物贸易谈判，有做生意经历的学生还可以现身说法；学习《经贸高级汉语口语》时，可围绕一个文化专题组织一些参观、访问和座谈活动。社会实践方式是多种多样的，这里只是举例而已，目的是要把死的文字材料变成活的知识，变成学生可以自由表达的口语能力。

对外经济贸易大学
黄为之
2016 年 5 月

Users' Guide

Teaching Chinese as a foreign language has its own characteristics. The learners are from different countries of different ethnic groups with different life experiences and cultural backgrounds and display their own characteristics in learning Chinese, while the teachers too have their own teaching styles, methods and experiences. Considering this diversity, we do not want to offer a standardized teaching and learning method to use this series of Chinese textbooks. However, we'd like to offer some suggestions for teachers and learners. Since some questions have been discussed in the Preface, we only address several additional points here.

Business Chinese Conversation adopts the teaching method for intensive training characterized by a low threshold, large volume of content, high density, and staged and quick progressing in teaching. With a wide range of topics, the content of certain difficulty and the curriculum requirement to finish one volume within a term, it attaches particular importance to the preview and review. Especially for preview, students should spend more time and efforts on new words and grammar points and try to learn on their own with the aid of explanations and English translation of the texts. They should read through the texts and gain basic understanding before class. Then in class the teacher can use "questions and answers" to examine their reading comprehension, and will only need to explain the difficult points. The notes on cultural knowledge and the short essays at the end of the lesson should also be learned by students themselves. Some of the exercises should also be handled this way. Don't waste class hours on reading the texts and related materials, which should instead be the "lead" to lively dialogues among the students. "Large volume of content" indicates that lots of content have to be digested after class; "high density" requires effective use of time and intensive training in speaking. All in all, teachers and learners together should be aware that this is a series of textbooks for practicing speaking with the ultimate goal to enable learners to speak fluent Chinese.

Closely related to these questions is the question of how to grasp the key points during teaching and learning. Take *Business Chinese Conversation (Intermediate)* and *Business Chinese Conversation (Advanced)* of this series for example. In each lesson there are a large number of new words, rich content, and texts of longer length. The attempt to master all the new words and content within a teaching unit (4—6 class hours) is almost impossible. Therefore, students should be able to focus on key words, important sentences and core content of each lesson according to the hint of its title. As for the rest, they will achieve the mastery of them in their later reappearance. During the compilation, we put a lot of emphasis on the reoccurring rate of new knowledge and the progressiveness of learning, so the teachers and learners can rest assured of our arrangement.

Altogether the two volumes of *Business Chinese Conversation* (*Elementary*) have 54 lessons, with four class hours for each lesson and six class hours each week. The two volumes of *Business Chinese Conversation* (*Intermediate*) have 40 lessons, with four to six class hours for each lesson and six class hours each week. And the two volumes of *Business Chinese Conversation* (*Advanced*) have 32 lessons, with four class hours for each lesson and four class hours each week. If possible, please arrange extracurricular activities as many as possible. For example, in *Business Chinese Conversation* (*Elementary*), there are usually one text for "in-class learning" and the other for "after-class learning" under each topic. Before learning the latter one, ask the students to go outside, and they can bring in lots of fresh stuff which will enliven the learning. While teaching *Business Chinese Conversation (Intermediate)*, the teacher can arrange students to watch a real negotiation or one on the video; students can go to practice trade negotiation themselves; and those with experience in doing business can also talk about their own stories about negotiation. While teaching *Business Chinese Conversation (Advanced)*, a variety of social activities like visits, seminars, etc. are also encouraged. Our purpose is to turn the "dead" language materials into "live" knowledge, and enhance the students' ability to express themselves freely in Chinese.

Huang Weizhi
University of International
Business and Economics
May, 2016

目录

Contents

第一课

1 建立联系

Establishing Relationships

一、初次见面

李　宁：请问，哪位是从美国纽约来的罗斯先生？

罗　斯：我就是。您是……

李　宁：我是中国纺织品进出口总公司的代表，我姓李，叫李宁，公司派我来接待贵团。

罗　斯：认识您非常高兴。

李　宁：我也是。罗斯先生一路顺利吗？

罗　斯：很幸运，一路顺风。

李　宁：太好了。公司汽车在外面，请跟我来。

罗　斯：好，您先请。我第一次来中国，请李先生多多关照。

李　宁：不客气，您是我们的客人，希望您在华期间工作顺利，生活愉快。

罗　斯：谢谢，再次谢谢。

李　宁：罗斯先生，请允许我向您介绍，这位是中国纺织品进出口总公司的业务员，公司委派他跟你们具体洽谈业务。

王　安：罗斯先生您好，我姓王，叫王安，见到您我很高兴。欢迎您来中国，希望我们合作愉快。

罗　斯：您好，王先生，这是我的名片。请允许我向您介绍代表团成员：这位是我的助手杰克逊先生，这位是秘书布朗小姐，其他几位都是工作人员。布朗小姐将同你们保持密切联系。我相信，我们的合作将不仅是愉快的，而且是成功的。

二、询问如何建立商业联系

罗　斯：张总经理，请问外国公司如何与中国建立商业联系？
张　祥：罗斯先生，您是怎么开始的？
罗　斯：通过一个朋友介绍，结识了一位访美的中国商务部负责人，经他推荐，我写了一封信并附上我需要订购的商品目录，寄给天津市商务委员会，他们给我发来邀请信，我就这样来中国了。
张　祥：罗斯先生投石问路，做对了。不过，可以用更简便的方法。你只要到中国驻外商务机构，比如官方的商务处，民间的各大公司、子公司、海外代理处等，要一份中国各专业公司的介绍，按您的需要，给某公司写信，他们就会与您联系的。
罗　斯：我应该向贵方提供哪些资料呢？
张　祥：介绍一下贵公司的经营范围，附上希望订购或推销的产品目录。
罗　斯：哦，我明白了。这样建立联系，是简便多了。

三、建立商业联系的渠道

罗　斯：张总经理，同中方建立商业联系都有哪些渠道？
张　祥：啊，很多。除了上次给你介绍的以外，还有我们在国外举办的各种展销会、博览会，在国内举办的广交会和各省、市的地方交易会。
罗　斯：广交会？我听说过，是在广州吗？
张　祥：是。那是一个综合性的大型交易会，全国各外贸公司都积极参展，国外的客商也纷纷前来参观和洽谈业务。
杰克逊：有了广交会，各省、市为什么还要举办交易会呢？

张　祥：各地经济都有自己的优势，举办地方或区域性交易会，也很有特色。

杰克逊：是这样。

张　祥：近几年，我们还常在国内外举行大型招商洽谈会，这是一个新的渠道。

罗　斯：这个渠道很好，我们怎么才能参加这样的招商洽谈会呢？

张　祥：我们可以为你们牵线搭桥。

罗　斯：那太好了！真是条条道路通北京，谢谢张总的介绍。

张　祥：不必客气，很高兴为你们介绍中国的情况，欢迎你们来中国做生意。

生　词

1. 纺织品	fǎngzhīpǐn	textile(s)
2. 总公司	zǒnggōngsī	head office (of a corporation)
3. 顺风	shùnfēng	to go with the wind, to follow the wind
4. 关照	guānzhào	to look after, to help
5. 希望	xīwàng	to hope; hope
6. 期间	qījiān	time, period
7. 允许	yǔnxǔ	to allow
8. 委派	wěipài	to entrust, to designate
9. 具体	jùtǐ	concrete
10. 代表团	dàibiǎotuán	delegation
11. 成员	chéngyuán	member
12. 助手	zhùshǒu	assistant
13. 保持	bǎochí	to keep, to maintain
14. 密切	mìqiè	close, intimate
15. 询问	xúnwèn	to inquire
16. 结识	jiéshí	to get to know
17. 商务	shāngwù	commercial affairs

18. 推荐	tuījiàn	to recommend
19. 附上	fùshàng	to enclose
20. 需要	xūyào	to need, to require; demand
21. 订购	dìnggòu	to order
22. 目录	mùlù	catalogue, list
23. 委员会	wěiyuánhuì	committee
24. 投石问路	tóushí-wènlù	(throw a stone) to explore the way
25. 简便	jiǎnbiàn	simple and convenient, handy
26. 驻	zhù	to be stationed
27. 机构	jīgòu	setup, organization
28. 官方	guānfāng	government
29. 处	chù	department, office
30. 民间	mínjiān	non-government
31. 子公司	zǐgōngsī	subsidiary
32. 专业	zhuānyè	specialized; speciality
33. 资料	zīliào	data, material
34. 范围	fànwéi	scope
35. 渠道	qúdào	channel
36. 举办	jǔbàn	to hold
37. 博览会	bólǎnhuì	fair, exposition
38. 省	shěng	province
39. 市	shì	municipality, city
40. 地方	dìfāng	place, locality
41. 交易会	jiāoyìhuì	trade fair
42. 综合性	zōnghéxìng	comprehensiveness
43. 大型	dàxíng	large-scale
44. 积极	jījí	active
45. 参展	cānzhǎn	to attend/participate in an exhibition
46. 纷纷	fēnfēn	numerous and confused, one after another
47. 区域	qūyù	region
48. 招商	zhāoshāng	to invite outside investments
49. 牵线搭桥	qiānxiàn-dāqiáo	to serve as a link
50. 道路	dàolù	road

专 名 Proper Nouns

1. 纽约	Niǔyuē	New York
2. 罗斯	Luósī	Ross
3. 杰克逊	Jiékèxùn	Jackson
4. 布朗	Bùlǎng	Brown
5. 商务部	Shāngwù Bù	Ministry of Commerce
6. 天津	Tiānjīn	Tianjin
7. 广交会	Guǎngjiāohuì	Canton Fair
(中国进出口商品交易会)	(Zhōngguó Jìn-chūkǒu Shāngpǐn Jiāoyì Huì)	(China Import and Export Fair)

练 习

A

一路

①在整个的行程中，沿路。②同一类。③一起(来/去/走)。

1) Throughout the journey; all the way. 2) Of the same kind. 3) Go the same way; take the same route.

一、熟读下列各句，体会"一路"的意义和用法。

1. 祝你一路平安。
2. 这次我来中国，和张先生一路。
3. 张先生喜欢静，张太太喜欢动，两人不一路，玩儿不到一块儿。
4. 这次我和你一路同来，买的又是一路货，互相关照，真幸运。

二、请用"一路"完成下列句子。

1. 由张总经理推荐，我____。
2. 我第一次来中国，希望______________________________________。
3. 真没想到____。
4. 今天开车真顺利，____。

其他

指示代词，指示一定范围以外的人或物。跟在它后面表示人或物的名词如果是单音节词，则常常带“的”，如“其他的人”“其他的事”；如果是双音节词，则常常不带“的”，如“其他成员”“其他机构”。也可直接做代词用，代替一定范围以外的人或物。

It is a demonstrative pronoun, indicating persons or things outside a certain scope. It usually takes 的 when it is followed by a monosyllabic noun, e.g. 其他的人, 其他的事, but it does not take 的 when followed by a disyllabic noun, e.g. 其他成员, 其他机构. It can also be used as a pronoun to stand for other persons or things outside a certain scope.

一、熟读下列各句，体会“其他”的意义和用法。

1. 我们先回旅馆休息，其他的事明天再谈。
2. 团长的其他助手已于昨天到达北京。
3. 除了公司老板，其他的人都回家了。
4. 这个问题解决了，其他都不难解决。
5. 我们先投石问路看看，再说其他。

二、请用“其他”与下列词语组成短语，然后各造一个句子。

成员　　资料　　渠道　　目录　　专业

不仅……而且……

表示前后意思之间有递进关系。“不仅”常与“而且”搭配使用，也可与“也、还、更”等副词搭配。“不仅”有时候也可以说成“不仅仅”，它的作用是更加强调、突出后一层意思。

It indicates a progressive relationship between the former and latter parts of a sentence. 不仅 is often used together with 而且. It can also collocate with such adverbs as 也, 还, or 更. 不仅, sometimes used as 不仅仅, gives an extra emphasis to the latter part of the sentence.

一、熟读下列各句，体会“不仅……而且……”的意义和用法。

1. 他不仅为我介绍朋友，而且推荐我到他公司工作。
2. 他不仅是我公司邀请的客人，而且是我公司的合作者。

3. 贵公司不仅这样说了，而且这样做了，谢谢你们的友好合作。

4. 经理不仅跟我见了面，而且具体洽谈了业务，真是荣幸啊！

二、请用“不仅……而且……”改写下列句子。

1. 他接待了我，还请我吃了饭。

2. 我们公司业务员多，经营范围大，建立联系的渠道也多。

3. 总经理来参观了商品展览会，总经理的夫人也来参观了商品展览会。

4. 外商可以在参观展览会时看样、洽谈、订货。

一下

①用在动词后，表示做一次或试着做。②表示某动作发生、完成得迅速，或某种现象出现得突然，有“很快”和“时间短”的意思。

1) One time; once. It is used after a verb, indicating an act or an attempt. 2) In a short while; all at once; all of a sudden. It is used to indicate the speed; suddenness or short duration of an action or a happening.

一、熟读下列各句，体会“一下”的意义和用法。

1. 我介绍一下，这位是张总经理。

2. 这份商品目录我看一下可以吗？

3. 我去一下就来。

4. 我走下飞机，一下就认出了他。

5. 贵公司的经营范围很广，我一下还不能都了解。

二、请用“一下”与下列词语组成短语，然后各造一个句子。

联系	询问	关照	接待
参观	安排	洽谈	结识

三、请用“一下”改写下列句子。

1. 你不知怎么与中国建立商业联系，不能问一问吗？

2. 有没有更简便的办法与中国建立商业联系，你应该打听打听。

3. 你需要什么资料就对秘书说说，她会帮助你的。

4. 我去去就来，你不要走。

5. 我第一次来中国推销产品，请你为我推荐推荐。

B

一、请用下列词语组成短语。

例：洽谈业务　商务机构

推荐	经营	业务	渠道	商务
具体	密切	附上	联系	洽谈
询问	需要	订购	目录	提供
资料	机构	商品	范围	推销

二、选用上面的词语完成下列句子。

1. 我这是第一次来中国＿＿＿＿＿＿＿＿＿＿＿＿＿＿＿＿＿＿＿。
2. 在商品展览会上，可以＿＿＿＿＿＿＿＿＿＿＿＿＿＿＿＿＿＿＿。
3. 这次被邀请来贵国＿＿＿＿＿＿＿＿＿＿＿＿＿＿＿＿＿＿＿。
4. 谢谢你们的接待，希望你们能提供＿＿＿＿＿＿＿＿＿＿＿＿＿＿。
5. 我公司与贵公司的合作刚开始，＿＿＿＿＿＿＿＿＿＿＿＿＿＿。
6. 请问具体洽谈＿＿＿＿＿＿＿＿＿＿＿＿＿＿＿＿＿＿＿＿＿。
7. 我们需要＿＿＿＿＿＿＿＿＿＿＿＿＿＿＿＿＿＿＿＿＿＿＿。
8. 中国各外贸进出口公司驻外的机构，负责为本公司＿＿＿＿＿＿＿。
9. 地方省、市商务厅也可以＿＿＿＿＿＿＿＿＿＿＿＿＿＿＿＿＿。
10. 我们很高兴跟贵公司建立＿＿＿＿＿＿＿＿＿＿＿＿＿＿＿＿＿。

三、选词填空。

相信	委派	洽谈	顺利	允许
保持	经营	合作	渠道	成功
结识	建立	提供		

1. 政策＿＿＿＿经济特区、开放城市自营出口，直接与外商建立联系。
2. 公司＿＿＿＿业务员来跟你们具体＿＿＿＿。
3. ＿＿＿＿这次商品展览会一定举办得很＿＿＿＿。
4. 中国各外贸进出口公司驻国外的机构都与国内＿＿＿＿密切联系。

5. 我希望我们的业务________是愉快的、成功的。
6. 我们非常________地建立起了业务联系。
7. 在北京访问期间，我很高兴________了中国国际贸易促进委员会（贸促会）的负责人。
8. 我们为贵公司________产品目录，介绍本公司的________范围。
9. 同中国________商业联系的________越来越多，真是条条道路通北京啊！

四、想一想，谈一谈。

1. 请谈谈你是怎样与中国或你的中国朋友建立联系的？
2. 请谈谈你或你的朋友来中国的第一次旅行。
3. 你或你的朋友在与中国交往中有什么趣事？

五、阅读下面的短文，并回答问题。

他会说汉语吗

罗斯先生从旧金山乘飞机去中国，在飞机上，有许多中国人。罗斯先生用英语向身边的一个中国人打招呼，那个中国人只是笑着点了点头。罗斯先生又用英语说了一些什么，中国人也只是笑笑，没有说话。罗斯先生想，他一定是不懂英语，我先试试说汉语吧。罗斯先生就问："先生，你去北京吗？"那个中国人好像听懂了一点儿什么，就回答说："阿拉不是去贝肯 (Peking)。阿拉是去北京 (Běijīng)！"罗斯先生好像也听懂了一点儿，就又问："我是做生意的，第一次来中国，我给中国的纺织品进出口公司发了邮件，公司会派代表来接我吗？"那个中国人奇怪地看着罗斯，没有回答。罗斯说："对不起，我的汉语说得不好！"中国人说："对不起，我的英语也说得不好！"

1. 罗斯先生会说汉语吗？
2. 那位中国人为什么听不懂罗斯先生说的汉语？
3. 罗斯先生想向中国人打听什么？
4. 罗斯先生来北京顺利吗？

第二课

宴　请 2

Entertaining Guests

一、送 请 柬

王　安：罗斯先生，我们公司张总经理打算明天晚上在北京烤鸭店设宴，为贵代表团接风洗尘，不知你们方便不？

罗　斯：谢谢，客随主便，听从张总经理安排。

王　安：那好，就这么定了！这是请帖，敬请各位届时光临。

罗　斯：谢谢你们的盛情邀请，我们感到十分荣幸。

王　安：您能赏光，我们也很荣幸。那么，明天晚上六点半，我们开车到宾馆来接你们，可以吗？

罗　斯：可以，那就太麻烦你们了。

王　安：不必客气，这是应该的。好，明天见。

罗　斯：明天见。

二、宴 会 上

张　祥：罗斯先生，欢迎，欢迎！请入席吧！

罗　斯：张总经理费心了，请接受我和我的朋友们的真诚感谢，谢谢你们为我们举行这个宴会。

张　祥：希望我们能一起度过一个愉快的夜晚。

罗　斯：一定，一定。我们一踏上中国的土地，就受到你们热情周到的接待，我们代表团全体成员都非常感动。

李　宁：中国有个成语，叫“宾至如归”，你们是客人，来了就如同到了家，希望你们能像在自己家里一样。

杰克逊：说得太好了。中国人从来都是热情好客的。我也知道一句中国话叫“主贤客来勤”，是说主人好客，所以引来八方客人。

张　祥：谢谢，我们希望能结交世界各国的朋友。哦，烤鸭来了，大家趁热吃吧！来，首先请允许我举杯，对罗斯先生一行表示热烈欢迎，为我们即将开始的友好合作，干杯！

罗　斯：干杯！

三、宴　会　后

张　祥：罗斯先生，今晚的宴会如有不周的地方，请原谅。

罗　斯：哪里，哪里！我和我的朋友们都非常满意。我们度过了一个愉快而难忘的夜晚，我认为我吃到了最好的北京烤鸭。

张　祥：听到您这样说，我们十分高兴。

罗　斯：我们也十分高兴。我听说中国有这么一句话：“不到长城非好汉。”那么我要说，不吃烤鸭不算到北京。我虽然到北京两天了，今晚吃了北京烤鸭，才算真正到了北京。

李　宁：罗斯先生真幽默。不过，您还没去长城，还不能算是好汉！

罗　斯：好，好，我一定去长城，非当好汉不可！

李　宁：好极了。嗯，罗斯先生，这是为贵代表团安排的日程，请过目。有什么意见，请告诉我。

罗　斯：好。(看日程表) 日程安排能不能稍作调整？我们想先参观有关工厂，看了产品生产过程后再进行谈判。这样，好心里有数。

王　安：这个不难办到。

罗　斯：如果时间允许的话，能否组织我们访问一些服装店老板，我很想了解一下中国的服装市场和他们的经营思想。

王　安：这也可以满足。你们不妨先做他们的顾客，然后再进行采访。

罗　斯：好主意。“不入虎穴，焉得虎子”嘛！张总经理，这个成语用在这儿对吗？

张　祥：罗斯先生不愧是中国通。我希望罗斯先生不要被这些“小老虎”吃掉。

罗　斯：不会，不会！那么，日程就这样定了。

王　安：好的，再次感谢罗斯先生光临，祝您成功！再见。

生词

1. 请柬	qǐngjiǎn	invitation
2. 烤鸭	kǎoyā	roast duck
3. 设宴	shè yàn	to give a dinner party
4. 接风	jiēfēng	to give a dinner of welcome to a visitor from afar
5. 洗尘	xǐchén	to give a dinner of welcome
6. 客随主便	kè suí zhǔ biàn	guest is at the host's disposal
7. 听从	tīngcóng	to listen to, to follow
8. 届时	jièshí	at the appointed time
9. 盛情	shèngqíng	boundless hospitality
10. 赏光	shǎngguāng	to honor somebody with one's presence
11. 费心	fèixīn	to take a lot of trouble
12. 度过	dùguò	to spend
13. 夜晚	yèwǎn	evening, night
14. 踏上	tàshàng	to set foot on
15. 土地	tǔdì	soil

16. 全体	quántǐ	all, whole, entire
17. 感动	gǎndòng	moved; to be moved
18. 成语	chéngyǔ	set phrase, idiom
19. 好客	hàokè	hospitable
20. 主贤客来勤	zhǔ xián kè lái qín	hospitable host attracts many guests
21. 结交	jiéjiāo	to make friends with
22. 趁	chèn	to take (this opportunity)
23. 表示	biǎoshì	to express
24. 即将	jíjiāng	about to, soon
25. 难忘	nánwàng	unforgettable
26. 好汉	hǎohàn	true man
27. 日程	rìchéng	program, schedule, itinerary
28. 稍	shāo	a little, slightly
29. 调整	tiáozhěng	to adjust, to revise
30. 产品	chǎnpǐn	product
31. 生产	shēngchǎn	to produce
32. 过程	guòchéng	process
33. 心里有数	xīnlǐ yǒushù	to know very well in one's heart, to have a pretty good idea of how things stand
34. 组织	zǔzhī	to organize
35. 访问	fǎngwèn	to visit
36. 服装	fúzhuāng	garment
37. 思想	sīxiǎng	thought, idea
38. 满足	mǎnzú	to satisfy
39. 不妨	bùfáng	might as well
40. 采访	cǎifǎng	to interview
41. 不入虎穴，焉得虎子	búrù-hǔxué, yāndé-hǔzǐ	how can one catch tiger cubs without entering the tiger's lair
42. 不愧	búkuì	worthy of
43. 中国通	Zhōngguó tōng	China hand

专　名　Proper Noun

长城	Chángchéng	Great Wall

练习

A

不知……不

表示询问、商量或征求对方意见等，语气委婉。常见格式："不知＋动词(或形容词)＋不？"

Not know whether... It is a tactful expression used to make an inquiry or a consultation, or to solicit the other party's opinions. The pattern is 不知 + verb (or adjective) +不 .

一、熟读下列各句，体会"不知……不"的意义和用法。

1. 代表团日程这么安排不知行不？
2. 今天晚上参加宴会，穿这套衣服不知合适不？
3. 五天前发出的邀请书，不知收到了不？
4. 商品展览会上展出的商品不知卖不？

二、请用"不知……不"改写下列句子。

1. 张总经理打算明天晚上在北京烤鸭店请客，代表团能来吗？
2. 烤鸭好吃吗？你喜欢吗？
3. 主人好客吗？
4. 你还记得那个愉快而难忘的夜晚吗？

感到

动词。①通过人的感觉器官感受到，一般不单独做谓语，它后边一般带有宾语。②表示有某种想法，同"认为"的意思差不多，但语意较轻，多用小句做宾语。

It is a verb. 1) Feel or sense through sense organs. As a predicate, normally it is not used alone, but often takes an object after it. 2) Have a certain idea. It has a meaning similar to that of 认为 , but of a milder tone. It usually takes a clause as its object.

一、熟读下列各句，体会“感到”的意义和用法。

1. 大家都感到很高兴。
2. 我从来没有感到过这么满足。
3. 你要是感到不舒服，就好好儿休息。
4. 我感到，这个日程安排得太紧了点儿。
5. 他说的话，我感到有些不对头。

二、请用“感到”改写下列句子。

1. 今天我觉得有点儿不舒服。
2. 从宴会上他对你的态度看，我感觉事情有点儿不妙。
3. 他体会到了成功的喜悦。
4. 今天走了那么多路，我觉得累了。
5. 我认为这个老板很有头脑。

趁（着）

利用时间或机会做某事。

Taking advantage of; availing oneself of; while. It means to avail oneself of this chance or opportunity to do something.

一、熟读下列各句，体会“趁”的意义和用法。

1. 烤鸭来了，趁热吃吧。
2. 趁这次来中国参观访问，我要采访一两个服装店老板。
3. 趁来北京学习汉语的机会，我要学做几个中国菜。
4. 趁下请柬的时候，问问代表团对日程安排有什么意见。

二、请用“趁”改写下列句子。

1. 你去商店买东西，请为我买几个本子。
2. 参观工厂，买了几件这个工厂生产的产品。
3. 去中国南方旅行，我品尝了南方的风味小吃。
4. 天快下雨了，接我们的车子还没来，我回屋去拿把雨伞。
5. 这次来中国洽谈生意，我要多多了解中国经济改革的情况。

稍

副词，表示数量不多或程度不深或时间短暂，也说“稍微、稍稍”。

It is an adverb, meaning “a little”, indicating a small quantity, a low degree, or a short duration. It can also be said as 稍微 or 稍稍.

一、熟读下列各句，体会“稍 / 稍稍 / 稍微”的意义和用法。

1. 你稍等一下，我就来。
2. 你能不能稍稍愉快一点儿！
3. 这几天，他稍微忙了点儿，就累病了。

二、请用“稍”或“稍稍”改写下列句子。

1. 他马上就回来，请坐下等一会儿。
2. 这茶太烫，凉凉我再喝。
3. 这件衣服有点儿大，再小一点儿就好了。
4. 接到女儿来信，知道她平安到达，母亲才放心了一些。

不妨

表示可以这样做，没有什么妨碍。实际意思是建议这样做。“不妨”也可说“无妨”。

Might as well; there is no harm in. The actual implication is to suggest doing so. It can also be said as 无妨.

一、熟读下列各句，体会“不妨”的意义和用法。

1. 你虽然已经吃过北京烤鸭，不妨再尝一次。
2. 你虽然没有用过筷子，不妨试试。
3. 你既然第一次来中国，不妨在北京多住几天。
4. 不妨谈谈你们的具体做法，尤其是你们的经营思想。

二、请将“不妨”用在下列各句中适当的地方。

1. 中国有句俗话叫“不到长城非好汉”，是什么意思，请你解释一下。
2. 王先生还没来，我们趁热边吃边等吧。

3. 这是一个愉快而又难忘的夜晚，我们多聊一会儿。

4. 这既然是新产品，价钱又不贵，你少买点儿试试。

5. 你们安排的日程太紧了，我建议你们调整调整。

B

一、熟读并造句。

宾至如归　　主贤客来勤

客随主便　　不入虎穴，焉得虎子

二、请用下列词语组成短语。

盛情	邀请	满意	感到	谈判
荣幸	安排	周到	接待	组织
进行	真诚	表示	调整	访问
听从	生产	友好	日程	过程

三、选用上面的词语完成下列句子。

1. 这次来贵国______________________________。

2. 代表团参观贵厂____________________________。

3. 为了给代表团接风洗尘，我们____________________。

4. 中国人是________________________________。

5. 这次代表团______________________________。

四、想一想，谈一谈。

1. 你或你的朋友参加过中国人的宴会吗？

2. 你们听到中国人在宴请时常常说些什么？

3. 你们参加中国人的宴会，发生过什么有趣的事吗？

4. 你对中国人宴请朋友有什么看法？

五、阅读下面的短文，并回答问题。

我该怎么办

我去张总经理家做客，张总经理的夫人早早儿就站在家门口等我了。我一到，她就热情地握（wò）着我的手说："欢迎，欢迎，罗斯先生！快请进！"没多久，她就请我入席。嗬，满桌子菜，真丰盛。张总经理还拿出一瓶酒，边倒酒边说："这是中国名酒——茅台，罗斯先生多喝几杯！"我说："一定，一定，酒逢（féng）知己千杯少嘛，我要一醉（zuì）方休！"张总经理的夫人连连给我夹（jiā）菜。我不停地说："谢谢！谢谢！"不一会儿，我的碗里，放了满满一碗菜，鸡呀、鱼呀、土豆呀、青菜呀，有甜（tián）的、咸（xián）的、辣（là）的、酸（suān）的。我又喝酒，又吃菜，可我碗里的菜越吃越多，张总经理的夫人还一个劲（jìn）儿给我夹菜，连声说："没有什么好菜，罗斯先生不要客气，多吃点儿！"我碗里的菜快放不下了，我该怎么办？

1. 张总经理怎样款待（kuǎndài）罗斯先生？
2. 你觉得张总经理的夫人是怎样一个人？
3. 罗斯先生见自己碗里的菜越吃越多，发愁了，说："我该怎么办？"你觉得他该怎么办？

第三课

3 初次接触

First Contact

一、交际序曲

张　祥：罗斯先生，很高兴我们又见面了，快请坐！
罗　斯：谢谢！很高兴再次见到张总经理和诸位同行！
张　祥：这两天的参观、访问怎么样？
罗　斯：印象太深刻了！中国真是一个美丽的国家！
杰克逊：没想到中国市场上的商品这么丰富，真可以说是应有尽有。
罗　斯：尤其让我吃惊的是纺织品和服装市场，大小商场、大街小巷，到处都是卖服装的，我就好像走进了服装王国！
李　宁：罗斯先生说得一点儿没错，中国是世界上最大的服装出口国。
罗　斯：我们这次来中国，就是为了洽谈纺织品和服装进出口业务，看来我们是来对了。
杰克逊：我们希望能得到贵公司的大力协助。
张　祥：只要我们能办到的，我们一定尽力办。我们虽然是头一次打交道，但我相信，我们会成为真正的朋友的。
罗　斯：真正的朋友，这太好了！那就让我们互相信任、互相帮助、互相支持吧！
张　祥：这正是我们国家对外贸易的一贯方针，广交朋友，互通有无，平等互利嘛！

二、询问各自的经营范围

张　祥：坦率地说，罗斯先生，我们对贵公司还不是特别了解。
罗　斯：这不奇怪，我们公司不大，知名度还不高。
杰克逊：不过，我们公司在国内的经营状况很好，我们会成为你们感兴趣的合作伙伴。
张　祥：那么，你们主要经营什么商品呢？
杰克逊：主要经营各类纺织产品，包括棉、麻、毛、蚕丝、化纤，各种纱、布及其制品。
李　宁：这些正是我们公司的主营产品。
罗　斯：我们希望从贵国进口纺织品，也希望我们国家的纺织品能出口到贵国来。
张　祥：有来有往，互通有无嘛！
罗　斯：是这样。不过，我们第一次来中国，还需要对中国市场做些调查，进出口货物才会做到心中有数。
张　祥：怪不得你们对日程安排要做那样的调整了，原来你们的主要目的是为了做市场调查！
杰克逊：是这样。我们必须知道，什么商品是适销对路的商品。
李　宁：这的确很重要。商品没有销路，商店还不关门？
罗　斯：即使经过调查，最好也还是先订一批货试销试销。所以，我们这一次也准备订一批货。
张　祥：看得出来，你们做事很严肃、很认真，让人感到你们是可以信赖的。
罗　斯：谢谢你们能有这样的印象！
张　祥：我们一向认为，没有信任就不可能有真诚合作。
罗　斯：你说得很对，我们有了一个很好的开头。
杰克逊：还有一件事想麻烦你们一下。
张　祥：请讲。

杰克逊：受朋友委托，我们还想了解一下工艺品、小五金和中成药方面的情况。

李　宁：你知道，这不是我们公司的经营范围，不过我们可以为你们牵线搭桥。

杰克逊：那太谢谢你们了！

张　祥：不用客气。我们现在是不是休息一下？

罗　斯：那太好了！我们一起喝杯咖啡吧！

三、涉及双方感兴趣的项目

张　祥：现在，我们可以坐下来继续谈了。

杰克逊：咖啡真是好东西，让人兴奋。

罗　斯：啊，更让人心情愉快的是我们的中国朋友。

张　祥：谢谢。我想，你们来中国的时候，一定带有一份订货单，这一两天，你们又在中国市场转了转，现在有什么打算了吗？

罗　斯：是的。我想我们已经找到了适销对路的产品。

杰克逊：我们对贵国的纯棉针织品和丝绸制品特别感兴趣。

张　祥：你们很有眼光。事实上，我国的纯棉制品和高档丝绸制品在世界各地都很畅销。

罗　斯：我们知道。不过，恕我直言，在工艺水平和花色品种方面，与我国消费者的要求还有一定差距。

李　宁：我们清楚这一点。我们正在努力提高产品的科技含量和附加值。

罗　斯：在这方面，我们可以合作。我们可以在中国投资建工厂。

杰克逊：我们有先进的设备、生产工艺和技术。

张　祥：你们的这个想法很好。我们可以进行这方面的可行性研究。

罗　斯：那太好了。我相信，我们之间会有广泛的合作前景。

生词

1. 初次	chū cì	first time
2. 接触	jiēchù	to contact
3. 交际	jiāojì	communication
4. 序曲	xùqǔ	prelude
5. 同行	tóngháng	people of the same occupation; to engage in the same trade
6. 大街小巷	dàjiē xiǎoxiàng	wide streets and narrow lanes
7. 王国	wángguó	kingdom
8. 协助	xiézhù	to assist
9. 尽力	jìnlì	to do all one can
10. 信任	xìnrèn	to trust
11. 支持	zhīchí	to support
12. 一贯	yíguàn	consistent
13. 方针	fāngzhēn	guiding principle
14. 互通有无	hùtōng yǒu wú	each supplies what the other needs
15. 平等互利	píngděng hùlì	equality and mutual benefit
16. 坦率	tǎnshuài	frank
17. 了解	liǎojiě	to understand
18. 状况	zhuàngkuàng	situation
19. 主要	zhǔyào	main, principal
20. 棉	mián	cotton
21. 麻	má	linen
22. 毛	máo	wool
23. 化纤	huàxiān	chemical fiber
24. 纱	shā	yarn
25. 布	bù	cloth
25. 制品	zhìpǐn	product
27. 有来有往	yǒu lái yǒu wǎng	reciprocity
28. 调查	diàochá	to investigate
29. 怪不得	guàibude	it is not surprising that...
30. 适销对路	shìxiāo duìlù	needed goods that suit the market; marketable

31. 的确	díquè	indeed
32. 即使	jíshǐ	even if
33. 试销	shìxiāo	to place on trial sale
34. 准备	zhǔnbèi	to be prepared to
35. 信赖	xìnlài	to trust
36. 一向	yíxiàng	always
37. 开头	kāitóu	beginning
38. 委托	wěituō	to entrust
39. 工艺品	gōngyìpǐn	handicraft
40. 小五金	xiǎowǔjīn	metal fittings
41. 中成药	zhōngchéngyào	ready-made traditional Chinese medicine
42. 涉及	shèjí	to involve
43. 项目	xiàngmù	project
44. 继续	jìxù	to continue
45. 兴奋	xīngfèn	excited
46. 心情	xīnqíng	mood, state of mind
47. 订货单	dìnghuò dān	order list
48. 高档	gāodàng	high-grade
49. 恕	shù	to excuse
50. 直言	zhíyán	to speak bluntly
51. 工艺	gōngyì	technology, craft
52. 差距	chājù	gap
53. 科技	kējì	science and technology
54. 含量	hánliàng	content
55. 附加值	fùjiāzhí	value added
56. 投资	tóuzī	to invest; investment
57. 先进	xiānjìn	advanced
58. 设备	shèbèi	equipment
59. 技术	jìshù	technique, technology
60. 可行性	kěxíngxìng	feasibility
61. 广泛	guǎngfàn	wide, broad, extensive
62. 前景	qiánjǐng	prospect

练习

A

怪不得

①表示明白原因，对某种情况就不觉得奇怪。常常可以与“原来”搭配使用。②不能责备，别见怪。

No wonder; that explains why. 1) It indicates that the reason is known and therefore one has no need to wonder about it. It often collocates with 原来. 2) Not to blame; no offense.

一、熟读下列各句，体会“怪不得”的意义和用法。

1. 怪不得他那么高兴，原来是他做生意赚了大钱。
2. 怪不得她不高兴，她又没买到满意的衣服。
3. 合同没写好，怪不得他。
4. 货卖不出去，怪不得我。

二、请用“怪不得”完成下列句子。

1. ________________老板喜欢他，他________________。
2. 怪不得他花钱那么大方，________________。
3. ________________房间里那么闷，________________。
4. 你信誉不好，________________。
5. 你们改善了投资环境，________________。
6. 简化了手续，________________效率高。
7. 价格那么优惠，________________。
8. 中国政府依法保护外商的合法权益，________________。
9. ________________，原来你是第一次来中国。
10. 同中国发展贸易，前程似锦，________________。

的确

完全确实；实在。用来表示肯定或强调语气。

Indeed; really. It is used to express certainty or emphasis.

一、熟读下列各句，体会“的确”的意义和用法。

1. 这价格的确太贵了。

2. 中国的对外贸易的确采取了灵活的做法。

3. 他的的确确这么说了，怪不得你生气。

4. 中国愿意在平等互利、互通有无的原则基础上，同世界各国发展对外贸易。中国对外贸易的基本方针政策，的确是始终一贯的。

二、请用“的确”完成下列对话。

1. A：现在中国对外贸易的具体做法灵活多了吧？

B：____。

2. A：外商在中国投资的范围怎么样？

B：____。

3. A：改革开放以来，中国政府不断采取措施，改善投资环境，为外商提供了许多优惠与方便。

B：____。

即使

连词，连接两个分句。前后两部分，可以分指有关的两件事，前面表示一种假设情况，后面表示结果或结论不受这种假设情况的影响；前后两部分也可以指同一件事，后一部分表示退一步的估计。“即使”常与“也、还、都、总、仍然”等配搭使用。

It is a conjunction, meaning even though. It connects two clauses referring to two related things, the former of which indicates a supposition, and the latter indicates that the result or conclusion is not affected by the supposition. The two parts may also refer to the same thing, with the latter part expressing an estimation with some leeway. 即使 often collocates with 也，还，都，总 or 仍然 .

一、熟读下列各句，体会“即使”的意义和用法。

1. 你即使发了邀请信，他也不一定来。

2. 即使是初次见面，他也会热情地帮助你。

3. 工作即使做出了很大成绩，仍然不应该骄傲。
4. 我即使不买这些衣服，看看总可以吧。
5. 即使有钱也不应该浪费。

二、请用“即使”改写下列句子。
1. 你不去，我也要去。
2. 对日程安排做了调整，时间仍然很紧。
3. 不是我们公司经营的商品，我们也感兴趣。
4. 他不同意，我们总会同意的。
5. 市场上的商品十分丰富，也不能保证买到满意的商品。

一向

表示某种行为、状态或情况从过去到说话的时候一贯保持不变。

Consistently; all along. It shows that a certain behavior, state or situation remains the same all the time and never changes.

一、熟读下列各句，体会“一向”的意义和用法。
1. 他身体一向不太好。
2. 我公司一向重信誉。
3. 中国人民一向好客。
4. 中国一向坚持独立自主、自力更生的原则。

二、请用“一向”回答问题和改写句子。
1. 你对中国哪一种商品感兴趣？
2. 你在忙些什么？
3. 中国丝绸销售情况怎么样？
4. 中国一直是我们最好的贸易伙伴。
5. 中国政府历来保护外商在中国经商的合法权益。

B

一、请用下列词语组成短语。

接触　合作　先进　继续
科技　含量　协助　状况
设备　经营　前景　信任
尽力　调查　广泛　互相

二、请说说下列短语的意思。

互通有无　有来有往　心中有数
平等互利　应有尽有　适销对路

三、选用上面的短语完成下列句子。

1. 贵公司产品丰富，经营各类纺织品，包括棉、麻、毛、蚕丝、化纤，各种纱、布及其制品，真是__________啊！
2. 国家不分大小，在发展双边贸易时，都应该__________。
3. 我们一向提倡__________，在当今高科技发展的时代，地球变得越来越小，更应该__________。
4. 做市场调查为的是产品__________，只有做到__________才能使产品有市场。

四、回答下列问题。

1. 中国经济改革开放后，对外贸易采取了哪些灵活做法？
2. 为什么说外商同中国贸易天地广阔、大有作为？
3. 中国在外贸活动中奉行的是什么原则？
4. 你认为中国目前开展对外贸易的环境如何？

五、阅读下面的短文，并回答问题。

广交朋友

王安邀请罗斯星期天去他家做客，罗斯高兴地接受了邀请。星期天，罗斯和杰克逊准时到了王安家。王安的妈妈迎上去连声说：“欢迎，欢迎！快请进！”王安妈妈一边忙着让客人坐下，一边端出一盘一盘的糖呀，瓜子呀，水果呀，摆了一茶几，还问长问短，说个不停。“听说你们是来中国做生意的？我们中国人常说‘在家靠父母，出门靠朋友’，做生意，没有朋友们可不行！”罗斯说：“是啊，我们生意人也常说，有朋友就会有客户关系，就等于有了客户！我来中国，头等大事，就是要广交朋友！”王安妈妈说：“那就对喽，现在办事，没关系可不行！”王安妈妈说着，像突然想起什么，说：“啊，尽顾说话了，你们吃点儿东西呀？要是饿了，就说话！”杰克逊听了，有点儿吃惊，问王安：“你妈妈是什么意思？饿了，就说话；不饿，就不让说话吗？”王安妈妈听了，哈哈大笑，说：“哪有饿了才让说话的，不饿就不让说话了？”王安说：“你误会了。我妈的意思是，你们要是饿了，就说饿了，她好去给你们做饭吃！千万别客气！”杰克逊说：“不好意思，我闹笑话了！”罗斯说：“没关系，汉语我学得比你好，可我还是常常闹笑话。”杰克逊说：“看来，同中国人交朋友也不容易，得了解他们的文化，甚至说话的习惯和方式。”罗斯说：“慢慢来吧。中国人好客、热情、坦率，很容易了解他们。”王安说：“说得好！你们交的中国朋友越多，你们就越知道，中国人是你们最值得信赖的朋友。”

1. 请说说你交中国朋友的经历。
2. 你在同中国人交朋友的过程中，闹过笑话吗？是什么样的笑话？
3. 怎样结交外国朋友？

第四课

4 购销意向

Intention of Buying and Selling

一、谈　产　品

罗　斯：张总经理，我们这次想订购一些纺织品回国试销，不知你们都有哪些型号，能给我们介绍一下吗？

杰克逊：最好能给我们一些产品样品和目录。

李　宁：哦，这是产品目录。会后我们可以一起去样品室看样品。

罗　斯：你知道，我们最关心的是产品质量。

张　祥：近几年，我国纺织业科学技术发展很快，产品研究和开发能力明显提高，开发出大批天然、环保、时尚面料；成品制作也朝着精加工、深加工方向发展。

罗　斯：这是个好消息。

李　宁：比如高级纯棉针织品，高档真丝制品，180 支甚至 200 支羊毛精纺织品等等，竹纤维、大豆蛋白纤维、牛奶蛋白纤维等天然纤维织品，都是国内外市场上的抢手货。

罗　斯：听到这些，我很高兴，这些正是我这次来中国要寻找的产品。

杰克逊：你能详细介绍一下吗？

罗　斯：比如牛奶蛋白纤维，有长纤维和短纤维织品，质地轻盈、柔软，透气、吸湿、爽身，有护肤、养肤的功效，特别适合制作儿童服装和女士内衣。

杰克逊：据我所知，牛奶蛋白纤维纺织品前景非常好。

李　宁：是的。我国目前用高科技开发生产的高级羊毛精纺织品，不仅保持了传统羊毛纺织品的优点，而且机洗性强，在家里用洗衣机就可以清洗了。

罗　斯：这实在是太好了！

张　祥：我们国家盛产竹子，竹纤维纺织品，前景也很广阔。此外，我们生产的各种能阻燃、遮光、隔热、保暖、防污、防静电的高档装饰纺织品也很畅销。

罗　斯：你们的纺织品花色品种确实很丰富，可以满足各种消费者的需要。

李　宁：罗斯先生，中国纺织服装行业，能够以最有竞争力的价格提供任何品种、任何质量的面料和服装制品，这已经引起国际上各大型纺织公司和零售商的高度关注，纷纷来中国寻求合作伙伴。

罗　斯：我们知道，所以，我们也不愿落后。我们去看看样品吧！

李　宁：好，请吧！

二、谈　价　格

罗　斯：张总经理，我太吃惊了，这些样品的质量确实非常好！

张　祥：那么，你们有什么打算呢？

罗　斯：我已经向张总表明过我们的意向，我们想订购一批高级真丝制品和纯棉制品，只是看了产品说明书，觉得价格太高了，我们很难接受。

杰克逊：可不可以优惠些呢？

张　祥：我们公司的这两类产品，质量上乘，花色新颖，一投放市场，就十分走俏，已经成为我们公司的名优产品。

罗　斯：可是价格这么高，不怕吓跑我们这些新顾客？

张　祥：价格虽然不低，但一直是畅销的抢手货，可见价格还是公道、合理的。我相信，你们不会跑！

杰克逊：报价单上的价格都是实盘吗？
李　宁：不是。许多问题我们还没有谈判，价格要以我方最后确认的为准。
杰克逊：请问贵方根据什么最后确认价格呢？
张　祥：主要取决于你们的订货量。如果你们的订货量大，价格可以优惠些。所以为了便于报价，还是请罗斯先生先报一个你方订货的大概数量吧。
罗　斯：请你们先报一个C.I.F.旧金山的最低价，只要价格确实优惠，我们的订货量是不会太小的。
张　祥：啊，这好比下棋，总得有人先走一步，如果都等待对方先走，就要成一盘死棋了。
罗　斯：我很欣赏张总经理的这个比喻。棋逢对手，将遇良才，希望我们能下成平局！

三、代理与自主经营

罗　斯：张总经理，请原谅，我们还想到别的公司看一看。
张　祥：没关系，可以理解。
罗　斯：那么，你们能给我们介绍一两家吗？
张　祥：可以。过去，国家专业外贸公司垄断经营进出口业务，全国纺织行业只有我们一家专业外贸公司。
杰克逊：那我们只能同你们打交道了。
张　祥：过去是，可现在情况不同了，我国对外贸易推行了代理制，一些生产企业委托我们代理经营进出口业务，而更多的生产企业和外贸公司现在有了外贸自主经营权。
罗　斯：这就是说，我们可以同更多的企业和公司直接打交道了。
张　祥：是这样。
杰克逊：那就请你多介绍几家，好吗？

罗　斯：特别是自主经营进出口的生产企业，说不定他们可以在花色品种和质量方面满足我们的一些特殊要求。

张　祥：好的，我跟他们联系一下吧！

生　词

1. 型号	xínghào	model
2. 样品	yàngpǐn	sample
3. 关心	guānxīn	to concern
4. 朝着	cháozhe	towards
5. 精加工	jīng jiāgōng	fine processing
6. 深加工	shēnjiāgōng	deep processing
7. 竹纤维	zhú xiānwéi	bamboo fiber
8. 大豆蛋白纤维	dàdòu dànbái xiānwéi	soybean protein fiber
9. 牛奶蛋白纤维	niúnǎi dànbái xiānwéi	milk casein fiber
10. 抢手货	qiǎngshǒu huò	fast-selling goods
11. 轻盈	qīngyíng	light
12. 柔软	róuruǎn	soft
13. 透气	tòuqì	ventilative
14. 吸湿	xī shī	hygroscopic
15. 爽身	shuǎng shēn	cool
16. 护肤	hù fū	skin-protecting
17. 养肤	yǎng fū	skin-nourishing
18. 高科技	gāokējì	high-technology
19. 阻燃	zǔrán	to be flame-proof
20. 遮光	zhē guāng	to be light-proof
21. 隔热	gérè	to be heat-proof
22. 保暖	bǎonuǎn	to be thermally insulated
23. 防污	fáng wū	to be dirt-proof
24. 静电	jìngdiàn	static electricity

25. 装饰	zhuāngshì	to decorate; decoration
26. 关注	guānzhù	attention
27. 寻求	xúnqiú	to look for
28. 上乘	shàngchéng	superior; top-quality
29. 新颖	xīnyǐng	original, novel
30. 走俏	zǒuqiào	well-received
31. 公道	gōngdao	fair
32. 合理	hélǐ	reasonable
33. 报价单	bàojià dān	quotation list
34. 实盘	shí pán	firm offer
35. 确认	quèrèn	to confirm
36. 取决于	qǔjué yú	to depend on
37. 订货量	dìnghuò liàng	amount of order
38. 棋	qí	chess
39. 等待	děngdài	to wait
40. 一盘	yì pán	a game
41. 比喻	bǐyù	metaphor; to compare to
42. 棋逢对手，将遇良才	qífféngduìshǒu, jiàng yù liáng cái	ace chess player meets his peer, general finds his own match in military talent, a Roland for an Oliver
43. 平局	píngjú	draw
44. 原谅	yuánliàng	to excuse
45. 垄断	lǒngduàn	to monopolize
46. 推行	tuīxíng	to push, to carry out, to pursue
47. 自主	zìzhǔ	to act on one's own, to decide for oneself
48. 直接	zhíjiē	direct

练习

A

实在

①形容词，表示人诚实或情况真实，不虚假。②副词，强调某种情况的真实性。

1) Adjective: true; real; dependable. It means that something is real and not false. 2) Adverb: indeed; as a matter of fact. It emphasizes the truthfulness or authenticity of something.

一、熟读下列各句，体会“实在”的意义和用法。

1. 坦率地说，贵国这批纯棉制品加工水平低、质量不好，实在不好销售。
2. 这次实在无法满足你们的要求，非常抱歉。
3. 这个人很实在，他的报价一般都很公道。
4. 他实在是一位难得的贸易伙伴。

二、请用“实在”回答下列问题。

1. 你是行家，你看这批货怎么样？
2. 这批多功能新颖装饰布你是否能再早些装船？
3. 我想，这个消息对你订货很重要，是吗？
4. 你的话句句当真？
5. 最后报价十天内有效，你看行吗？

确实

①形容词，表示事物或情况真实可靠。②副词，对客观情况的真实性表示肯定。

副词“确实”和“实在”意义和用法都相近，但仍有某些区别。“实在”不只肯定真实性，而且在程度上更加强调。“确实”可用在问句里，“实在”则不能。

1) Adjective: true; reliable. It shows the truthfulness and reliability of something. 2) Adverb: really; indeed. It is used to confirm the truth of something.

The adverbs 确实 and 实在 are similar in meaning and usage, but with some differences. Apart from confirming the truthfulness, 实在 also expresses emphasis. 确实 can be used in an interrogative sentence, whereas 实在 cannot.

一、熟读下列各句，体会“确实”的意义和用法。

1. 目前国际市场上纯棉制品确实走俏。
2. 你给我提供的确实是优惠价吗?
3. 这个价格确实不会变了。
4. 贵国的对外贸易政策确实是灵活多了。

二、请用“确实”回答下列问题。

1. 你再打听一下，他是不是及时派船来接货?
2. 我们采用了高科技、新技术，产品质量发生了根本变化，你看了样品后觉得怎么样?
3. 你这次来中国洽谈贸易、参观访问，还满意吗?
4. 这些名优产品在市场上的销售情况怎么样? 有竞争力吗?
5. 你看，我们这次洽谈是不是像下象棋，终于下成了平局?

一直

表示在一定时间里某种行为、动作连续进行，没有间断；或者某种事物、状态始终没有发生变化。

Continuously; all along; all the way. It means that during a certain period of time, a behavior or an action continues to happen or exist without stopping, or that something remains unchanged.

一、熟读下列各句，体会“一直”的意义和用法。

1. 博览会从明天开始，一直举办到这个月底。
2. 从天安门沿长安街一直往东，就可以到北京友谊商店。
3. 他来北京以前，一直在 IBM 公司工作。
4. 近几年来，我们双方的合作，一直是顺利的、成功的。

二、请用“一直”完成下列句子。

1. 我们双方往来的渠道________________。
2. 这次贸易洽谈，从昨天上午开始，________________。
3. 贵国的丝绸质量好，价格便宜，________________。
4. 开发高科技________________。
5. 我虽得到了贵公司的产品目录，________________。

取决于

一件事由某方面或某种情况决定。“于”是介词，后面引出起决定作用的方面或情况。

Depend on; hinge on. It shows that something is dependent on a certain aspect or situation. 于 is a preposition, followed by the aspect or the situation that plays the decisive role.

一、熟读下列各句，体会“取决于”的意义和用法。

1. 实盘价格，取决于订货量的大小。
2. 一种新产品投放市场，是否畅销，取决于这种新产品是否让顾客满意。
3. 新产品的开发，往往取决于科学技术的不断发展。
4. 我们的洽谈能否成功，取决于我们双方的诚意与合作。

二、请用“取决于”改写下列句子。

1. 最后确认的价格，要看你们的订货量来决定。
2. 我们能否按时装船，要看你们是否及时派船来受载。
3. 经济的发展，往往同国家政局的稳定有密切关系。
4. 双边贸易的发展，要看我们双方是否都遵守平等互利、互通有无的原则。

B

一、请用下列词语组成短语。

柔软　价格　新颖　花色　质量　质地　表明　竞争

上乘　投放　优惠　公道　合理　垄断　市场　意向

二、请用括号里的词语完成下列对话。

1. A：你别看这种商品价格高，可很畅销。
   B：________________________________。（确实）
2. A：质量上乘、花色新颖的真丝织品，市场销售量大吗？
   B：________________________________。（走俏）
3. A：你认为报价单上的价格有竞争力吗？
   B：________________________________。（公道）
4. A：你们一般根据什么最后报价？
   B：________________________________。（取决于）
5. A：对这批货物的装运，我还有些不放心。
   B：________________________________。（一直）
6. A：我们的贸易合同书什么时候可以生效？
   B：________________________________。（确认）
7. A：你们对这种多功能装饰布感兴趣吗？
   B：________________________________。（意向）
8. A：现在北京的高级饭店已经过剩，外商好像不愿在这方面投资了。
   B：________________________________。（寻求）

三、根据课文回答下列问题。

1. 为什么中国的纯棉织品和真丝织品一直比较畅销？
2. 近年来中国的纺织品发生了什么变化？
3. 你认为价格应该根据什么决定？
4. 现在中国对外贸易推行什么制度？情况如何？

四、阅读下面的短文，并回答问题。

聪明的商人

一天，一个服装公司的经理同一位订货商洽谈生意。订货商看了样品，觉得服装加工精细、质量上乘，确实是这个公司的名优产品，投放市场后一定走俏，但他想大大压低价格，就对服装公司的经理说："你开的价太高了，我本想做成一笔大买卖，看来只好算了。"说完，站起来就要走。经理眼看生意就要告吹，忽然灵机（língjī）一动，满脸堆（duī）笑地说："您穿的这双鞋子真漂亮。"订货商一听，就站住了，高兴地问："真的？""真的。您买的东西还能不好？"订货商更高兴了，就把脚上的鞋子足足夸（kuā）了五分钟。订货商正说得高兴。服装公司的经理突然反问："您为什么要买这双鞋子，而不到旧货商店去买一双呢？"订货商听了，先是一愣（lèng），接着哈哈大笑，于是双方握手成交。

1. 服装公司经理与订货商的洽谈顺利吗？
2. 订货商是否真的想向这家服装公司订货？
3. 服装公司经理怎么改变了洽谈形势？
4. 短文最后关于鞋子的谈话，究竟是什么意思？为什么双方因此成交？

第五课

5 价格洽谈

Holding Talks about Price

一、询价与发盘

史密斯：陈先生，我们想洽购贵公司 50 吨花生米，请你介绍一下商品和价格。

陈其然：好的。花生米是凭样品买卖，史密斯先生，可以先看看样品和价格表。

史密斯：嗯，花生米颗粒饱满，均匀，成色新鲜，口味香甜，质量不错。你们能保证供货品质与样品完全一样吗？

陈其然：请史密斯先生放心，我们一贯讲信誉、守合同。

史密斯：这我们相信。不过，每吨 1800 美元，价格太高了，我们无法接受。

陈其然：这是 C.I.F.价，是成本加保险费、运输费。如果成交，我们可在明年五月底以前在洛杉矶港口交货。

玛　丽：但是价格太高，我们很难销售。

陈其然：我们的花生米多年来畅销世界各地，就是价格再高一点儿，销售也不成问题。

玛　丽：可是，陈先生你知道，市场竞争很激烈，印度的花生米价格就比贵公司的低得多。

陈其然：这，我不否认。但中国有句俗话，“不怕不识货，就怕货比货”。史密斯先生在这方面是行家，不难看出好坏。

史密斯：那好吧，我们考虑考虑。

二、还盘与反还盘

陈其然：史密斯先生，我们昨天的报盘，你们考虑得怎么样？

史密斯：陈先生，我们经过慎重研究，仍然觉得你们的报价太高了。如果贵公司不肯降价，我们只好放弃这笔生意。

陈其然：这样做恐怕不明智吧？我们还可以再协商嘛。你是不是出一个价？

史密斯：我们认为每吨1650美元比较合适。

陈其然：史密斯先生，你们还盘太低，与我们的报价差距太大了，看来我们的确很难成交。

史密斯：我相信我们双方都是有诚意的，我们能各自做些让步吗？

陈其然：这我赞成。如果你们再增加订货量，我们可以降价5%。

史密斯：陈先生，这恐怕有困难。你知道，现在国际市场疲软，行情普遍看跌，花生米又容易霉烂，我们订货量太大，会有很大的风险，请你能理解这一点。

陈其然：是的，目前市场确实出现了某些不景气现象，但我们对前景是乐观的。

史密斯：那么，贵公司是否可以分批供货呢？如果可以，我们每吨加价5%。

陈其然：这还是太低了。就按每吨1700美元吧，不能再比这个价低了。

史密斯：哦，我们之间仍然有很大差距，看来要做成这笔买卖，我们双方都需要更有耐心。

三、让步与成交

陈其然：史密斯先生，你看了我们的报价单，还有什么看法？

史密斯：陈先生，你们今年的报价，比去年提高了很多，这是为什么？

陈其然：这几年，化肥、水、电都不断涨价，农产品成本越来越高，我们不得不对价格做相应的调整。

史密斯：这点我们理解。但贵方应该想别的办法，降低产品成本，不能把化肥、水、电等价格上涨部分，都转嫁到客户身上。如果这样，贵方商品就没有销路了。

陈其然：请史密斯先生注意，在国际市场上，同类商品的价格也都比去年上涨了，而且上涨幅度比我们还大，相对地说，我们的商品还是便宜的。此外，贵国货币的汇率持续下跌，我们也不能忽略。

史密斯：事实虽然如此，贵方的报价还是太苛刻，能不能再做些让步？

陈其然：史密斯先生的意思是……

史密斯：我们希望能再降价 5%。

陈其然：要我们总共降价 10%？不，这绝对不行。我们总不能做亏本买卖吧！

史密斯：那就 8%。

陈其然：如果贵方订货量增加两成，我们可以再降价 3%，这是最低报价了。

史密斯：好吧，我们成交！

生 词

1. 询价	xún jià	to inquire a price
2. 发盘	fā pán	to offer
3. 吨	dūn	ton
4. 花生米	huāshēngmǐ	peanut kernel
5. 凭	píng	by virtue of; no matter (how, what, etc.)
6. 颗粒	kēlì	grain
7. 饱满	bǎomǎn	plump, full

8. 均匀	jūnyún	even, uniform
9. 成色	chéngsè	quality, the purity of gold or silver
10. 新鲜	xīnxiān	fresh
11. 口味	kǒuwèi	taste
12. 香甜	xiāngtián	fragrant and sweet, delicious
13. 供货	gōng huò	to supply goods
14. 品质	pǐnzhì	quality
15. 合同	hétong	contract
16. 成本	chéngběn	cost
17. 保险	bǎoxiǎn	insurance
18. 运输	yùnshū	to transport
19. 成交	chéngjiāo	to conclude a transaction, to close a deal
20. 底	dǐ	end, bottom
21. 港口	gǎngkǒu	port
22. 交货	jiāo huò	to deliver goods
23. 销售	xiāoshòu	to sell
24. 否认	fǒurèn	to deny
25. 识货	shíhuò	knowing what's what, able to judge
26. 行家	hángjia	expert
27. 还盘	huán pán	counter-offer
28. 报盘	bào pán	to quote, to offer
29. 慎重	shènzhòng	careful
30. 仍然	réngrán	still
31. 降价	jiàngjià	to lower the price
32. 放弃	fàngqì	to give up, to abandon
33. 诚意	chéngyì	sincerity
34. 让步	ràngbù	to concede
35. 赞成	zànchéng	to agree
36. 疲软	píruǎn	slack
37. 跌	diē	to fall
38. 霉烂	méilàn	to mildew and rot
39. 目前	mùqián	present moment
40. 景气	jǐngqì	prosperous

41. 批	pī	batch, lot
42. 耐心	nàixīn	patience
43. 化肥	huàféi	chemical fertilizer
44. 不断	búduàn	unceasingly, constantly
45. 涨价	zhǎngjià	to raise the price
46. 相应	xiāngyìng	to correspond to
47. 转嫁	zhuǎnjià	to shift (onto)
48. 客户	kèhù	client
49. 幅度	fúdù	range, margin, scope
50. 相对	xiāngduì	relative
51. 货币	huòbì	currency
52. 持续	chíxù	to continue
53. 忽略	hūlüè	to neglect
54. 事实	shìshí	fact
55. 苛刻	kēkè	harsh
56. 亏本	kuīběn	to lose
57. 成	chéng	one-tenth, ten percent

专　名　Proper Nouns

1. 洛杉矶	Luòshānjī	Los Angeles
2. 印度	Yìndù	India

练　习

A

凭

①介词，用来介绍出行为、动作所依据的或借助的事物、条件或理由；有时介绍出的是人物。②连词，有“不管”“无论”的意思，它后面必须跟疑问代词或词组。

1) Preposition: relying on; based on; taking as the basis. It introduces the thing, condition or reason which forms the basis of a certain behavior or an action. Sometimes it may introduce people. 2) Conjunction: no matter (what, how, etc.). It is followed by an interrogative pronoun or phrase.

一、熟读下列各句，体会“凭”的意义和用法。

1. 凭票付款。
2. 汉堡包凭着它便宜、快速，走遍天下。
3. 你凭什么骂人？
4. 凭你磨破嘴皮子，他也不肯降价。
5. 凭你怎么劝，她都不听。

二、请用“凭”完成下列对话。

1. A：你们看了样品，是好是坏你们清楚，给个价吧。
   B：______________________________。
2. A：一个商人的成功要靠什么？
   B：______________________________。
3. A：这笔买卖可是能赚大钱的，你真愿意放弃？
   B：______________________________。
4. A：服务行业在竞争中怎么取胜？
   B：______________________________。
5. A：你说他以次充好，有证据吗？
   B：______________________________。

仍然

副词，表示某种情况维持不变；或虽有变化，但最后还是恢复了原样。“仍然”多用于书面，口语中多用“还是”“仍旧”。

It is an adverb indicating that a certain state of affairs remains unchanged, or even if changed, it eventually returns to the original state. 仍然 is more often used in written Chinese. In spoken Chinese, 还是 or 仍旧 is preferred.

一、熟读下列各句，体会“仍然”的意义和用法。

1. 下班以后，他仍然在考虑工作中的问题。
2. 成本虽然高了，价格却仍然保持不变。
3. 谈判中我们虽然做了很大让步，但是他们仍然坚持最初的报价。
4. 这家商场，停业半年，现在重新营业，仍然是那么热闹。

二、请将“仍然”用在下列各句中适当的地方。

1. 他们离婚了，但有来往。
2. 我们已经是爸爸妈妈了，可在自己的父母面前是孩子。
3. 今年国内的服装市场还是买方市场。
4. 不知道为什么，电话打了几次，打不通。
5. 几年不见了，你一点儿没变，还是老样子。

只好

不得不。表示由于种种条件的限制或情况的变化，只有这样，而没有别的办法去做某事。

Have to; be forced to. It means that owing to the restrictions on conditions or changes in circumstances, this is the only way of doing things, without any other choice.

一、熟读下列各句，体会“只好”的意义和用法。

1. 他自己不好意思说，只好我替他说。
2. 这次买卖没做成，只好下次做了。
3. 货卖不出去，只好降价处理。
4. 老板同意了，我只好去。

二、请用“只好”改写下列句子。

1. 价格太高，很难销售，我们不得不降价拍卖。
2. 我们双方在价格上都不肯让步，看来这笔交易要吹了。
3. 目前国际市场上同类商品的价格都上涨了，我们的商品涨价，也是不得已的。
4. 现在国际市场疲软，我们不得不减少订货量。
5. 成本越来越高，我们不能不提高商品价格。

不得不

有“必须”的意思，表示环境或情势迫使非如此不可。它的后面总是跟动词。这种“不 A 不”的格式，“A”还可以是“能、可、好”，但意思有一些区别，例如：“不得不说”“不能不吃”“不可不听”“不好不去”。

It has the meaning of “have to”, indicating that there is no other choice because of the environment or situation. It is always followed by a verb. In this pattern 不 +A+ 不 , “A” can also be 能，可 or 好，but with slightly different meanings. For example, we can say 不得不说，不能不吃，不可不听 or 不好不去 .

一、熟读下列各句，体会“不得不”的意义和用法。

1. 现在国际市场疲软，我们不得不减少订货量。
2. 现在市场竞争激烈，我们不得不做好售后服务。
3. 双方价格上差距太大，我们不得不取消订货。
4. 留学生在中国学习，有时不得不自己洗衣服。
5. 你们的报价太高，我们不得不放弃这笔生意。

二、请用“不得不”“不能不”“不可不”或“不好不”完成下列句子，并仔细体会它们的区别。

1. 医生的话，病人____________听。
2. 我儿子要考研究生，____________加倍努力。
3. 供货品质与样品____________一样。
4. 经过慎重研究，我们____________降低报价。
5. 我跟朋友约好了，____________去。
6. 成本越来越高，我们____________提高商品价格。

B

一、请用下列词语组成短语。

竞争　上涨　研究　前景　持续　幅度

市场　激烈　价格　耐心　协商　疲软

二、请用括号里的词语完成下列句子。

1. 目前市场竞争激烈，你们的价格____。（相对地说）

2. 虽然目前国际市场疲软，行情普遍看跌，但____。（乐观）

3. 根据市场行情____。（调整）

4. 我们差距太大，贵方又不肯让步，____。（放弃）

5. 时间这么晚了，____。（恐怕）

6. 不经过慎重研究，就____。（明智）

7. 你方条件____。（苛刻）

8. 价格________________________________原因是多方面的。（持续）

9. 我赞成________________________________买卖不成情义在嘛！（理解）

10. 我们双方的条件虽然差距很大，但我们都有诚意，____。（协商）

三、熟读下列各句，体会“口味”“新鲜”的意义和用法，然后模仿着各说一句。

1. 口味

（1）这个菜合你口味吗？

（2）这么说话不合老人口味吧？

（3）她这身打扮合她先生口味吗？

（4）这菜口味太重，你吃得了吗？

2. 新鲜

（1）这几年新鲜事就是多，你说是不？

（2）农民出国旅游，乡镇企业产品远销海外，你头一次听说，新鲜吧？

（3）这些水果很新鲜，咱们买点儿吧！

（4）你刚来中国，看什么都新鲜，是不是？

（5）新鲜，谈判吹了怪我，这跟我有什么关系？

四、想一想，谈一谈。

1. 目前国际市场竞争激烈，贵公司商品销路怎么样？
2. 你对目前市场出现的不景气现象怎么理解？
3. 农产品成本越来越高，又不能把上涨部分都转嫁到客户身上，贵公司有什么好办法吗？
4. 你同对方洽谈价格时有耐心吗？双方差距很大时你肯首先做出较大的让步吗？
5. 你觉得作为贸易伙伴，中国人是不是行家？

五、阅读下面的短文，并回答问题。

谁最会砍价

老陈喜欢逛农贸集市，那儿的蔬菜，新鲜便宜；地摊上的小商品，五花八门。而集市贸易的最大优点，就是可以讨价还价。这天，他刚走进集市，老远就听到一个小贩在吆喝："快来买呀，清仓大甩卖，一次性降价处理！"老陈走到小摊面前，摊主就热情招呼说："老先生，您买点儿什么？牛仔裤？长筒丝袜？还是旅游鞋？"摊主说一样，就拿一样给他看，嘴里不停地说，货色怎么好，价钱怎么样便宜，没有比这儿更物美价廉的了。老陈拿起一双袜子，问："多少钱？""便宜，便宜，12 元。""12 元？你怎么漫 (màn) 天要价呀？""看您老说的！那您就地还钱好了。""5 元。""嘿嘿，您老也太会砍价了，一下就砍了我一多半。10 元！""7 元！""8 元，不能再少了，不买，您老就请到别处看看！"老陈知道不能再砍价了，就买了一双，然后高高兴兴回家了。一进家门就喊："夫人，我给你买了一双长筒丝袜。"老陈夫人拿过去一看，问："多少钱？"老陈说："小贩要我 12 元，我压了他 4 元。""8 元钱？便宜！我今天也买了一双，跟你这双完全一样，可一分钱也没少给，12 元！还是你会买东西。"说完，她撕 (sī) 开包装，拿出袜子一看："呀，怎么只有一只袜子？"

1. 你买东西时会砍价吗？
2. "漫天要价""就地还钱"是什么意思？
3. 老陈和他的夫人，谁更会砍价？谁买的袜子便宜？为什么？

第六课

6 品种与数量洽谈

Discussion about Variety and Quantity

一、订　货

史密斯：陈先生，我这里有一张小五金清单，请你看一下，贵公司能不能保证供货？

陈其然：嗬，都是久享盛誉的名牌货嘛！

玛　丽：是的，像808牌抽屉锁、三角牌不锈钢餐具、555指甲刀、矛牌剪刀，在我国都很畅销，我们公司每年进货不少，但总是脱销，所以希望贵公司这次能满足我们的需要。

陈其然：小五金虽是千家万户的日用必需品，却又是薄利商品。这些年，厂家纷纷把资金转向获利大的商品生产，如电脑、手机之类，不愿生产小五金。小五金货源空前短缺，供不应求，恐怕很难让史密斯先生满意。

史密斯：陈先生，我们是老主顾了，你一定得照顾我们，只要质量稳定，供货有保证，价格我们可以从优。

陈其然：好吧，如果贵公司价格从优，我们可以去组织厂家生产名优产品，保证质量是第一流的，款式品种尽量多样配套，请史密斯先生谈谈具体优惠条件。

史密斯：这个……我想，我们一要参照国际市场行情，二要按质论价，这是不是看看样品再谈？不过，我们一定保证优质优价。

陈其然：这个意见很合理，我们同意。但我们还有一个要求，就是必须保证相当的起订量。各种规格的起订量过小，我们就难以组织货源了。

史密斯：好的，我们一定考虑。

二、订 货 量

陈其然：史密斯先生，很对不起，贵公司要的上等毛尖茶，由于今年歉收，我们只能供应600箱。

史密斯：陈先生，去年我们销售贵公司的上等毛尖茶叶情况良好。今年我们十分希望增加订货量。600箱无论如何不能满足需要，我们是老关系、老主顾，能不能优先照顾我们再增加100箱？

陈其然：600箱上等毛尖，我们已做了最大努力。非常抱歉，史密斯先生，我们实在不能满足您的要求，希望下次能让您满意。

史密斯：不能增加100箱，50箱怎么样？这是最低订货量了！

陈其然：好吧，就再增加50箱。史密斯先生，福建的乌龙茶今年丰收，建议您也订购一些。

玛　丽：不是滞销商品吧？

陈其然：乌龙茶也是中国的名茶，它不仅是饮料，还是营养滋补品，有奇特疗效，经常饮用，对健康有益，深受外国友人的欢迎。

史密斯：这么说，我可以接受您的建议，不知贵公司要求多大的起订量？

陈其然：史密斯先生是我们的老客户，上等毛尖我方没有满足要求，我们愿意在乌龙茶供货上尽量弥补。这样，总成交额基本不变。

史密斯：谢谢陈先生的美意，我们就这样定了。

三、取消订货

史密斯：陈先生，由于市场行情变化，我们打算取消与贵公司上周洽谈的订货。

陈其然：这不好吧，我们双方一向是重信誉、守合同的。

史密斯：是的，这次实在是不得已，请谅解。

陈其然：那么，是什么原因呢？可以做个合理的说明吗？

史密斯：陈先生，你很清楚，长时间以来，世界食糖市场持续萧条，需求锐减，这个星期，糖价跌到了一年来的最低点，一周内每吨跌了3.60美元。如果按上周洽谈的合同进货，我们将承担巨大损失。好在我们还没有正式签约，可以提出调整。

陈其然：这个情况在上周洽谈时，我们已经充分考虑到了，所以最后的定盘价格十分优惠。

史密斯：是的，对这一点，我们非常感谢。不过，最近一周来，食糖市场形势变得更加严峻，我们不得不采取相应的措施。

陈其然：市场形势，瞬息万变，我们相信，不久会出现转机的。

史密斯：陈先生，我们是商人，有敢冒风险的精神，可也必须注重实际，请您能理解这一点。

陈其然：那好吧，我们同意你们的要求。为了保持我们之间的贸易额，我们还有几种商品，货源充足，你们是不是能订购一批？

史密斯：好的。礼尚往来，来而不往非礼也嘛。你们理解我们，我们也理解你们。我们就洽谈另一笔生意吧。

生词

1. 清单　　qīngdān　　detailed list

2. 久享盛誉	jiǔ xiǎng shèngyù	reputable, with a long-standing reputation
3. 抽屉	chōuti	drawer
4. 锁	suǒ	lock; to lock
5. 不锈钢	búxiùgāng	stainless steel
6. 餐具	cānjù	tableware
7. 指甲刀	zhǐjiadāo	nail clipper
8. 矛	máo	spear
9. 牌（牌子）	pái (páizi)	brand
10. 剪刀	jiǎndāo	scissors
11. 脱销	tuōxiāo	to be sold out
12. 日用	rìyòng	everyday use
13. 必需品	bìxū pǐn	necessities
14. 薄利	bólì	small profit
15. 资金	zījīn	fund
16. 货源	huòyuán	supply of goods
17. 空前	kōngqián	to be unprecedented
18. 短缺	duǎnquē	to want, to be short of
19. 供不应求	gōngbúyìngqiú	supply falling short of demand
20. 主顾	zhǔgù	customer, client
21. 照顾	zhàogù	to give consideration to, to make allowance for
22. 稳定	wěndìng	stable; to stabilize
23. 从优	cóngyōu	to give preferential treatment
24. 第一流	dì-yī liú	first class
25. 尽量	jǐnliàng	as... as possible
26. 多样	duōyàng	many varieties
27. 配套	pèitào	to form a complete set
28. 条件	tiáojiàn	condition
29. 参照	cānzhào	to consult, to refer to
30. 起订量	qǐ dìng liàng	minimum order quantity
31. 毛尖茶	máojiān chá	Maojian tea, a type of green tea
32. 歉收	qiànshōu	to have a crop failure, to have a poor harvest

33. 箱	xiāng	case, box
34. 关系	guānxì	relation, relationship
35. 优先	yōuxiān	have priority
36. 乌龙茶	wūlóngchá	oolong tea, a traditional Chinese tea
37. 滞销	zhìxiāo	to be unsalable
38. 滋补品	zībǔpǐn	tonic
39. 疗效	liáoxiào	curative effect
40. 经常	jīngcháng	frequently
41. 弥补	míbǔ	to make up for
42. 美意	měiyì	kindness
43. 不得已	bùdéyǐ	to have no choice but, to be forced
44. 谅解	liàngjiě	to understand
45. 食糖	shítáng	sugar
46. 萧条	xiāotiáo	depressed, slack
47. 锐减	ruìjiǎn	to fall sharply
48. 承担	chéngdān	to bear, to undertake, to assume
49. 巨大	jùdà	huge, enormous
50. 损失	sǔnshī	to lose; loss
51. 好在	hǎozài	fortunately, luckily
52. 签约	qiānyuē	to sign the contract
53. 定盘	dìng pán	final price at which business is concluded
54. 严峻	yánjùn	severe, grim
55. 采取	cǎiqǔ	to adopt
56. 措施	cuòshī	measure
57. 瞬息万变	shùnxī-wànbiàn	drastic change in the twinkling of an eye
58. 转机	zhuǎnjī	favorable turn, turn for the better
59. 冒	mào	to risk, to brave
60. 风险	fēngxiǎn	risk, hazard
61. 注重	zhùzhòng	to lay stress on, to attach importance to
62. 实际	shíjì	reality; practical
63. 同意	tóngyì	to agree
64. 充足	chōngzú	abundant, sufficient, ample
65. 礼尚往来	lǐshàngwǎnglái	courtesy demands reciprocity

练习

A

相当

①动词，指数量、价值、条件、情形等两方面差不多；配得上或能够相抵。②副词，强调达到的程度比较高，但还不到“很”的程度。

1) Verb: match; correspond to; be equal to; be commensurate with. It shows that two things are the same, similar to or matching with each other in quantity, value, condition or circumstances. 2) Adverb: quite; fairly; considerably. It means to a fairly great extent or to a greater extent than average, but not to the extent expressed by 很.

一、熟读下列各句，仔细体会“相当”的意义和用法。

1. 两家工厂条件和规模都相当，但产品销售情况大不一样。
2. 她的穿着相当漂亮。
3. 这家公司信誉相当好。
4. 这批货的起订量相当可观。
5. 外汇兑换比价相当不稳定。

二、熟读下列短语，并选择适当的短语完成下列句子。

相当快	相当熟悉	条件相当	规模相当
相当高	相当有益	价格相当	地位相当
相当累	相当麻烦	技术相当	相当激烈
相当大	相当充分		

1. 我公司每年购进的小五金____________________。
2. 这种高档手机价格____________________。
3. 他在大学学的是国际贸易，他要找____________________。
4. 现在，国际市场____________________，所以我们只好取消订货。
5. 我们已经考虑____________________，所以才做出这样的调整。

无论如何

这是一个固定格式，意思是“不管怎么样”，表示不管条件怎样变化，其结果始终不变。

In any case; at any rate; whatever happens. It is a set expression, meaning that in spite of anything that has happened or may happen, the result remains unchanged.

一、熟读下列各句，体会“无论如何”的意义与用法。

1. 定盘价格无论如何不能再降低了。
2. 这个产品意向书，你无论如何要转交给厂方。
3. 做生意自然要赚钱，但无论如何也不能坑害顾客。
4. 非常抱歉，五点以前我无论如何赶不到了。
5. 我们是多年的老主顾了，你们无论如何得满足我们的要求。

二、请用“无论如何”和括号里的词语完成下列句子。

1. 合同上写明的________________________________。（履行）
2. 按质论价__________________________________。（公平合理）
3. 你到了北京，________________________________。（取消）
4. 请你____________________________________。（信誉）
5. 我们这次取消订货实在是不得已的，________________。（谅解）

不得已

受客观情况或条件影响，不得不这样。

Have no alternative but to; act against one's will. Under certain conditions or in certain situations, you are forced to do something without any other choice.

一、熟读下列各句，体会“不得已”的意义和用法。

1. 货卖不出去，不得已只能降价。
2. 万不得已，就把投资转向获利大的商品。
3. 商品滞销，工厂不得已停产整顿。
4. 人们都说商人敢冒风险，其实常常是不得已的事。

二、请用“不得已”完成下列句子。

1. 他学的专业现在找不到工作，________________________________。
2. 名优产品供不应求，________________________________。
3. 市场持续疲软，我们________________________________。
4. 毛尖茶歉收，________________________________。
5. 市场行情瞬息万变，________________________________。

B

一、熟读下列词语并解释其意义，然后各造一个句子。

瞬息万变　　久享盛誉　　礼尚往来　　千家万户　　供不应求

二、请用下列词语组成短语。

必需品	货源	日用	空前
采取	品种	多样	措施
需求	第一流	短缺	满足
稳定	质量	锐减	保证

三、选用上面的词语完成下列句子。

1. 目前行情很不稳定，我建议你________________________________。
2. 不能参照去年的成交额，因为________________________________。
3. ________________________________这次无论如何不能满足你的要求。
4. 我们是老主顾了，希望________________________________。
5. 你们的产品真如广告上说的________________________________。

四、想一想，谈一谈。

1. 请用所学的词语，自己设计一个“订货洽谈”。
2. 贵国日用必需品中哪些是名牌？你喜欢用名牌货吗？为什么？
3. 请介绍贵国两三种深受欢迎的薄利畅销商品。
4. 你买东西时首先考虑价格还是质量？
5. 你在中国买到过价廉物美的东西吗？请谈一件你购物的趣事。

五、阅读下面的短文，并回答问题。

出口产品结构

随着中国改革开放的深入，经济转型和产能升级日益加速，出口产品结构正在发生深刻变化。中国出口产品主要分两大类，初级产品和工业制成品。我们前面学习的几课中涉及的产品，都属于初级产品和技术含量较低的工业制品。而现在，初级产品出口比例明显下降，中国的高端产品、高技术含量产品、成套工业设备，成了世界各国的抢手货。

1. 什么叫“经济转型”“产能升级”，中国经济转型、产能升级的具体内容是什么？
2. 哪些产品属于初级产品？
3. 你知道中国目前在全世界最抢手的高端工业产品是什么吗？

第七课

折扣与佣金 7

Discount and Commission

一、要求折扣

罗　丹：关于折扣问题，请问李先生是怎么考虑的？

李　宁：原则上我们不给折扣。

罗　丹：这不合惯例吧，我们这次订货总额很大，按照惯例，我们至少可得到10%的折扣。

李　宁：你们这次订货数量虽然不算小，但都是热门货，售销快，利润大，再说我们在价格方面已经优惠了，实际上等于给了折扣，所以不能再给折扣了。

罗　丹：真太遗憾了，这样做对我们太不公道了。

李　宁：如果你们能再增加一些订货量，我们可以考虑给一定折扣。

罗　丹：那好吧，我们再增加一成订货。

二、折扣争议

罗　丹：李先生，我们订购了10万台石英钟，准备给多少折扣？

李　宁：可以按净价给2%的折扣。

罗　丹：这是不是太低了？我们从别的国家进口同类产品可以得到10%的折扣。

李　宁：罗丹先生不会忘记，我方给的报价是最优惠的，我们已经把折扣考虑进去了。如果贵方能按合同提前付清货款，我们可以按净价再减收2%。

罗　丹：李先生，我们订的这批货是新产品，又是试销，风险较大，为了打开市场，是不是可以再多给一点儿折扣？

李　宁：这个要求可以考虑，我们破例再给2%的折扣吧。这样，总折扣已超过5%。说实在的，这真是特殊的照顾了。

三、要求佣金

琼　斯：张先生，这次我给你们介绍生意，你们考虑给多少佣金？

张　祥：很遗憾，琼斯先生，按我们的规定，原则上是不给佣金的。

琼　斯：张先生，我要提醒您注意，不给佣金不符合国际贸易惯例。

张　祥：琼斯先生，我们只对中间商、代理商付给一定酬劳。

琼　斯：事情正是这样，您很清楚，我们正是代理商。

张　祥：那好吧，我们可以根据成交额和商品的性质，支付琼斯先生一定的劳务费。

琼　斯：不，我们应该名正言顺地得到佣金。张先生，要知道本公司是通过取得合理的佣金来进行商业活动的。

四、佣金争议

琼　斯：张先生，作为你们产品的代理商，我们很关心佣金问题。

张　祥：我们很理解。我们在价格上已经给了你们较大的优惠，佣金就要相应地少一些，给1%，怎么样？

琼　斯：1%？您不是开玩笑吧？我们通常从每笔交易中得到3%的佣金，这次成交额如此大，我们理应得到比3%更高的佣金，你们却只给1%，是不是太不合情理了？

张　祥：我们都知道，佣金是按成交额的一定比例来计算的，成交额越大，你们提取的佣金就越多嘛。

琼　斯：话不能这么说。为了扩大贵公司产品的销路，争夺市场，我们要雇用更多的推销员，花更多的广告费。我们订货量越大，付出的代价也越大。我们理应得到相应的补偿。

张　祥：你们从按比例提取的佣金中已经得到了补偿。

琼　斯：但这远远不够，不足以补偿我们付出的代价！

张　祥：这样吧，如果你们能再增加订货量，我们可以考虑再多给1%的佣金。

琼　斯：我们不能接受这样的附加条件。1%的佣金，在国际贸易中恐怕没有先例。

张　祥：我们的报价如此低廉，在国际市场上你们恐怕也找不出第二家了。如果你们坚持要提高佣金，我们就不能不适当调整价格。琼斯先生，你看怎么办更合理？

琼　斯：看来，我们彼此想问题的思路不同，方法不一样，是很难沟通了，真遗憾！

生　词

1. 折扣	zhékòu	discount
2. 佣金	yòngjīn	commission
3. 原则	yuánzé	principle
4. 惯例	guànlì	convention, usual practice
5. 热门货	rèménhuò	fast-selling goods
6. 利润	lìrùn	profit
7. 等于	děngyú	to be equal to
8. 争议	zhēngyì	to dispute
9. 石英钟	shíyīngzhōng	quartz clock
10. 净价	jìngjià	net price

11. 同类	tónglèi	of the same kind
12. 提前	tíqián	to do something ahead of schedule, to move up a date, to advance
13. 付清	fùqīng	to pay in full, to pay off
14. 货款	huòkuǎn	payment for goods
15. 减收	jiǎn shōu	to reduce (money received)
16. 破例	pòlì	to break a rule, to make an exception
17. 符合	fúhé	to conform to
18. 中间商	zhōngjiānshāng	intermediary businessman
19. 代理商	dàilǐshāng	agent
20. 酬劳	chóuláo	remuneration, reward
21. 性质	xìngzhì	nature
22. 支付	zhīfù	to pay
23. 劳务费	láowùfèi	service charge
24. 名正言顺	míngzhèng-yánshùn	to be perfectly justifiable
25. 作为	zuòwéi	to regard as
26. 通常	tōngcháng	usually, normally, generally
27. 却	què	but, yet
28. 情理	qínglǐ	reason, sense
29. 比例	bǐlì	proportion, ratio
30. 计算	jìsuàn	to calculate
31. 提取	tíqǔ	to draw, to pick up
32. 扩大	kuòdà	to enlarge, to expand
33. 争夺	zhēngduó	to contend for, to scramble for
34. 雇用	gùyòng	to employ, to hire
35. 推销员	tuīxiāoyuán	salesperson
36. 代价	dàijià	cost
37. 补偿	bǔcháng	to compensate
38. 先例	xiānlì	precedent
39. 低廉	dīlián	low-priced, cheap
40. 坚持	jiānchí	to insist
41. 适当	shìdàng	proper, suitable
42. 思路	sīlù	thinking, train of thoughts
43. 沟通	gōutōng	to link, to connect, to bridge

练 习

A

按 / 按照

①提出行为、动作所遵循的准则或依据。②提出一种标准，用于比较两种事物。③“按……说”“按……说来”“按……来说”格式，都是先举出所根据的事理，再由此做出结论。

1) It shows that a behavior or an action is done or arranged according to a particular principle or criterion. 2) It introduces a criterion according to which two things are being compared. 3) In such expressions as 按……说 , 按……说来 , 按……来说 , the principle or criterion is first mentioned, and then followed by the result.

一、熟读下列各句，体会“按 / 按照”的意义和用法。

1. 按照惯例，中间商都要提取佣金。
2. 按时发货，是合同明确规定的条款。
3. 按照商品质量的优劣，决定出售价格。
4. 按理说，我们不能再增加折扣了。
5. 按工厂的生产规模和能力来说，我们接受这批货是不会有问题的。

二、请用“按”或“按照”和括号里的词语完成下列句子。

1. ______________________，我们决定付给你方相应的佣金。（销售量）
2. ___________________________，我们随时调整商品价格。（订货量）
3. 折扣的多少，_______________________________________。（惯例）
4. 这些都是热门货，______________你们应该获得较大的利润。（道理）
5. 你们的商品质量不合要求，____________我们可以取消订货。（合同）

门

①房屋、车船等的出入口。②门路和途径。③事物的分类。

1) Entrance, door, gate (to a building, a vehicle, a ship, etc.). 2) Way to do something; social connections. 3) Class; category.

一、熟读下列各句，并指出句中带“门”的词语含有上面的哪一项意义。

1. 中国政府欢迎来华外商合法经商，但不准搞邪门歪道。
2. 我们商场可以送货上门。
3. 我们公司所有产品都分门别类地列在这份目录上了。
4. 他开始学做生意的时候，一点儿也摸不着门儿，现在却成了几家大公司的代理商了。

二、请用下列词语造句。

没门儿　　热门儿　　邪门儿　　抠门儿

通常

副词，是“在一般情况下”的意思。它与“经常”“常常”义近，但有区别。“经常”“常常”表示某种情况屡次发生。

It is an adverb, meaning generally, usually or as a rule. Its meaning is close to that of 经常 or 常常, but with some difference. 经常 and 常常 indicate that something occurs repeatedly.

一、熟读下面各句，体会“通常”“常常”的意义和用法。

1. 他通常在晚上12点睡觉。(没特殊情况，差不多都这样)
2. 他常常在晚上12点睡觉。(这种情况发生的次数比较多)
3. 我们通常给中间商5%的佣金。
4. 我们常常给中间商5%的佣金。
5. 总经理通常是周末带着全家参加健身活动。
6. 总经理常常一边吃早饭，一边看报。

二、选用“通常”“经常”“常常”填空。

1. 我方给你们的报价________是最优惠的。
2. 我________给你们介绍生意，你们是否考虑可以多给些佣金？
3. 佣金________是按成交额的一定比例来计算的。
4. 北京人________喝花茶，上海________喝绿茶，广东人________喝红茶。
5. 你________参加朋友的聚会吗？

足以

完全可以，够得上。

It means enough, sufficiently or totally.

一、熟读下列各句，体会“足以”的意义和用法。

1. 吸食过量的毒品足以致人死命。
2. 你这些汉语足以应付在中国的日常生活交流了。
3. 产品质量不好，价格优惠也不足以吸引顾客。
4. 放心吧，这笔财产足以保证你幸福的晚年生活了。
5. 我这么做还不足以表明我对你的感情吗？

二、请用“足以”和括号里的词语完成下列句子。

1. 考虑到贵方为推销我们的新产品做出了很大的努力，我们破例给贵方5%的折扣，____________________________。（补偿）
2. 这么优惠的报价____________________________。（竞争）
3. 我们提供低廉的劳动力____________________________。（争夺）
4. 总经理每年都要提出新的改革办法，____________________________。（思路）
5. 每月开一次公司职工代表会____________________________。（沟通）

B

一、请用括号里的词语完成下列句子。

1. 按惯例，我们应该得到的折扣____________________________。（3%）
2. 虽然____________________________，但是我们彼此是有诚意的，态度是友好的。（争议）
3. 这是一种新产品，____________________________，因此还只是小批量生产。（试销）
4. 这笔交易做得很成功，因为____________________________。（利润）
5. 我们这次签订的合同，____________________________。（符合）
6. 我们提供了劳务，____________________________。（酬劳）

7. 你付出了多大的努力________________________。（补偿）

8. 我们一贯奉公守法，________________________。（名正言顺）

9. 考虑到目前市场行情的变化，________________________。（破例）

10. 中间商从事商业活动的目的是________________________。（佣金）

二、想一想，谈一谈。

1. 按惯例，中间商或代理商做成一笔交易应该得多少折扣或佣金？

2. 折扣和佣金根据什么原则计算比较公道？

3. 劳务费和佣金有实质上的差别吗？

4. 请你谈一次要求折扣或佣金的见闻。

三、阅读下面的短文，并回答问题。

价格俱乐部

有个美国人叫索尔·普赖斯 (Sol Price)，开了一个商店俱乐部，因为price是价格的意思，所以他的俱乐部又叫价格俱乐部。人们只要加入俱乐部，凭会员卡，就可到价格俱乐部去买任何东西。这里的东西特别便宜，比如一台彩色电视机在普通商店零售价是500美元，进价（批发价）仅300美元，除掉税收，可净赚约130美元。而在价格俱乐部每台可有20%的折扣，零售只卖399美元。除掉税收，只净赚30美元左右。有人问他："你这不是太吃亏了吗？"索尔回答说："一般人对买便宜货非常兴奋，买得越多似乎越显得自己比别人聪明，又有会员优惠卡，不买白不买，一进商店，见什么买什么，一个人每次进商店平均要花去100美元。就说彩电吧，普通商店，一天可能只卖出一台，我这里可能卖出8 ~ 10台，你说谁赚得多呢？"

1. 价格俱乐部经商遵循的是什么原则？

2. 索尔·普赖斯是怎样理解顾客的消费心理的？

3. 普通商店与索尔的商店，谁的营业额大？谁获取的利润大？

第八课

支付方式 8

Modes of Payment

一、选择支付货币

李　宁：罗斯先生，这笔进口交易的货款，我们希望能用人民币支付。

罗　斯：对不起，我们通常都用美元做计价货币，这也比较方便。

李　宁：其实用人民币付款也没什么不方便，欧洲的许多银行和北京的中国银行有账户往来。

罗　斯：但我们不熟悉这方面的情况，还是用美元支付简便些。

李　宁：哦，手续很简单。我们已经建成人民币跨境支付系统（CIPS），覆盖全球，你方只要到贵国与中国银行有账户往来的银行议付就可以了，既方便、快捷，又安全、高效。

罗　斯：坦率地说，我们担心用人民币付款，会因国际汇率波动蒙受经济损失。

李　宁：关于这一点，罗斯先生尽可放心，我们完善了人民币兑换美元汇率的中间价形成机制，人民币汇率形成更加市场化了，人民币汇率非常稳定。

罗　斯：好吧，我们不妨做一次尝试。

二、采用哪种付款方式

罗　斯：李先生，你们一般采用什么付款方式？

李　宁：我们一般只接受不可撤销信用证的付款方式，你方可以在收到装运单据后，凭单据付款。

杰克逊：你们能不能接受承兑交单 (D/A)？

李　宁：实在抱歉，我们无法接受你们的建议。

杰克逊：我们公司一向是讲信誉的。我们一旦收到承兑交单，即予承兑，汇票到期时，我们一定付款。

李　宁：我们相信这一点，但我们要承担很大风险，用不可撤销信用证方式，对我们安全收汇较有保障，请罗斯先生理解。

罗　斯：李先生，这么大笔的货款在银行开立信用证所需费用太大，不但要付手续费，还得付数目可观的押金，这必然提高进口商品价格，影响销售。请贵方能考虑到这些。

李　宁：很对不起，正因为货款金额大，而目前国际金融市场又极不稳定，为了保险起见，我们不得不坚持采用信用证付款方式。

杰克逊：那么，能不能采用付款交单 (D/P) 方式呢？

李　宁：这同承兑交单一样，仍然不能提供可靠的银行担保，只是我们承担的风险小一点儿。因此，很遗憾，我们也不能采用付款交单的方式。

罗　斯：好吧，但你们也务必履行不可撤销信用证规定的条款。

李　宁：这是自然的。我们一定如期交货，并尽可能提前交货。请贵方一定要在交货期前 30 天把信用证开达我方。这样便于我方做必要的安排。

罗　斯：这点我们可以做到。

李　宁：我们还有一个要求，开出的信用证有效期应为 15 天，在货物装船后，自提单签发之日算起，并请在信用证上注明到期地点和“在中国有效”的字样。

罗　斯：好的，我们照办。

三、分期付款

王　进：格林先生，这次进口项目，货款金额大，我们将采用分期付款方式，希望贵方能合作。

格　林：王先生，考虑到贵方具体困难，为了今后的贸易往来，这次我们同意接受分期付款方式。但长期垫付这笔巨款，对我们公司资金周转压力太大，希望贵方在支付第一笔货款时，数额大一些。

王　进：这可以考虑。我们在合同正式签订后，可以先付一半货款定金，余款分两次付清，你看好不好？

格　林：这很好。明天，我就可以准备好一张远期汇票，请你承兑，并请北京中国银行副签，以证明贵公司的承兑是有效的。然后，再还给我。

王　进：好的。只要贵方按期交货，货的质量、规格与合同条款相符，我们保证，银行会在我们承兑的期票到期时支付货款的。

格　林：为了确认双方的合同权利和责任，我们希望在合同上清楚地写明各批货的装船数量、日期和付款细节。

王　进：请放心，我们公司一向严格履行与外商签订的合同条款。

四、补偿贸易

王　进：格林先生，这次进口的露天煤矿设备，我们准备用补偿贸易的方式，你们看可以吗？

格　林：我们这次洽谈的设备用来开发的露天煤矿，煤种为低磷、低硫、中灰长焰煤，是品位很高的优质动力用煤，我们很乐意将这种产品返销到我国去。因此，这笔生意，用补偿贸易方式成交，原则上我们没有意见。

王　进：很好。那么，请问格林先生，是直接补偿贸易呢？还是综合补偿贸易？

格　林：我们更喜欢直接补偿贸易。因为能源危机始终是困扰我国经济的一个重要因素，这样好的优质煤十分难得，我们希望用这批设备投产的优质煤偿付全部货款。

王　进：格林先生，您说得很对，我们也十分需要这个矿山的优质煤，所以，我们更倾向于采取综合补偿贸易。

格　林：贵公司是不是准备向别的客商提供这种优质煤？如果是这样，我们理应优先！

王　进：即使是多边贸易，也是正常的。不过，目前我们还没有同其他客商洽谈这种产品的出口问题。我再重申一下，首先是我们也很需要这种原煤，请格林先生相信。

格　林：好吧，我们就用综合补偿贸易方式吧。不过，希望用直接产品偿还的部分尽量大一些，用间接商品偿还的部分小一些。

王　进：这个原则，我们也同意。

生　词

1. 计价	jìjià	to calculate the price
2. 付款	fù kuǎn	to pay
3. 账户	zhànghù	account
4. 议付	yì fù	to negotiate payment
5. 波动	bōdòng	to fluctuate
6. 蒙受	méngshòu	to suffer from
7. 尝试	chángshì	to try, to attempt
8. 一般	yìbān	general, normal
9. 方式	fāngshì	mode, manner
10. 撤销	chèxiāo	to revoke, to cancel
11. 信用证	xìnyòngzhèng	letter of credit

12. 单据	dānjù	document
13. 一旦	yídàn	as soon as
14. 承兑	chéngduì	to accept
15. 交单	jiāo dān	to hand over the documents
16. 到期	dàoqī	to mature, to expire
17. 保障	bǎozhàng	to ensure; guarantee
18. 开立	kāi lì	to open
19. 数目	shùmù	number, amount
20. 可观	kěguān	considerable, sizable
21. 押金	yājīn	cash pledge, deposit
22. 必然	bìrán	inevitable
23. 影响	yǐngxiǎng	to affect; influence
24. 金融	jīnróng	finance
25. 可靠	kěkào	reliable, trustworthy
26. 担保	dānbǎo	to guarantee
27. 务必	wùbì	must, to be sure to
28. 履行	lǚxíng	to perform, to fulfill, to carry out
29. 条款	tiáokuǎn	term
30. 如期	rúqī	as scheduled
31. 必要	bìyào	necessary
32. 货物	huòwù	goods
33. 注明	zhùmíng	to give clear indication of
34. 照办	zhàobàn	to act accordingly
35. 垫付	diànfù	to pay advance money for somebody and get paid back to later
36. 周转	zhōuzhuǎn	to turn over
37. 压力	yālì	pressure
38. 签订	qiāndìng	to conclude and sign
39. 定金	dìngjīn	down payment, deposit
40. 远期	yuǎn qī	at a specified future date
41. 汇票	huìpiào	draft, bill of exchange
42. 副签	fù qiān	to countersign
43. 证明	zhèngmíng	to prove, to testify, to certify
44. 按期	ànqī	on schedule, on time

45. 规格	guīgé	specification
46. 期票	qīpiào	promissory note
47. 责任	zérèn	responsibility
48. 细节	xìjié	detail
49. 露天	lùtiān	open, in the open
50. 煤矿	méi kuàng	coal mine
51. 磷	lín	phosphorus
52. 硫	liú	sulfur
53. 长焰煤	cháng yàn méi	flenu coal
54. 品位	pǐnwèi	grade, taste
55. 动力	dònglì	motivation
56. 乐意	lèyì	happy, pleased
57. 返销	fǎnxiāo	to sell back
58. 能源	néngyuán	energy resources
59. 危机	wēijī	crisis
60. 困扰	kùnrǎo	to trouble, to perplex
61. 因素	yīnsù	factor
62. 投产	tóuchǎn	to go into operation, to put into production
63. 倾向	qīngxiàng	to be inclined to, to prefer
64. 多边	duōbiān	multilateral
65. 重申	chóngshēn	to reiterate
66. 间接	jiànjiē	indirect

练习

A

其实

副词，用在动词前或主语前，表示所说的情况是真实的，承接上文而含转折的意思，或是引出与上文相反的意思，或是修改、补充上文。

It is an adverb, meaning actually or as a matter of fact. It is placed before the verb or the subject to indicate that the state of affairs being referred to is true. It continues with what has been said before, but indicates a transition. It either introduces something which is opposite to what was said previously, or amends or supplements it.

一、熟读下列各句，体会“其实”的意义和用法。

1. 他说熟悉市场行情，其实他并不熟悉。
2. 他担心开立人民币信用证手续麻烦，其实很简单。
3. 他说他们是老朋友，其实他们认识的时间并不长。
4. 他以为商品价格越高越能赚钱，其实薄利多销才是最有效的。

二、请用“其实”完成下列句子。

1. 他说保证提前交货，____________________。
2. 别看他开高级车，住高级宾馆，____________________。
3. 你把这些商品都当成滞销商品____________________。
4. 他说得很好听，____________________。
5. 你认为合同正式签字后就不会有问题了，____________________。

一旦

相当于“有一天”，指不确定的时间。常见格式：“一旦……就……”，表示有了某种条件，结果就随之发生。

Once; in case. It is equivalent to “some day”, indicating an indefinite point in time. The usual pattern is 一旦……就……, which shows that on certain conditions, something would happen immediately as a consequence.

一、熟读下列各句，体会“一旦”的意义和用法。

1. 一旦收到承兑交单，我方即予承兑。
2. 我们担心用贵国货币付款，一旦国际汇率波动，我方会蒙受经济损失。
3. 交货期一旦有变动，请及时（电话）通知我方。
4. 我们两国的银行一旦建立账户往来，进出口贸易就方便多了。

二、请用“一旦”改写下列句子。

1. 资金周转不灵，我们就无法按期付款。

2. 合同正式签订后，可以先付一半定金。
3. 能源危机解决了，我国经济会有一个大发展。
4. 这种产品返销到贵国去，我们相信可以在贵国打开市场。
5. 贵国如果能履行各项合同条款，我们保证，银行会在我们承兑的期票到期时支付货款。

为……起见

这是一个固定格式，用来介绍动作或行为的目的。

It is a set expression, meaning for the sake of. It expresses the purpose of an action or a behavior.

一、熟读下列各句，体会“为……起见”的意义和用法。

1. 为保险起见，我们不得不坚持用信用证付款方式。
2. 为避免麻烦起见，我们应尽力把合同写得清楚准确一点儿。
3. 为说明问题起见，我简单回顾一下我公司的发展过程。
4. 为简单快速起见，你就直接找总经理谈吧。

二、熟读并完成句子。

1. 为完全起见，____________________________________。
2. 为方便起见，____________________________________。
3. 为可靠起见，____________________________________。
4. 为安全起见，____________________________________。
5. 为保值起见，____________________________________。
6. 为保险起见，____________________________________。

于

介词，同名词、代词或词组构成介词结构，表示范围、时间、处所、对象等，意义有多种，包括“在、向、给、自、从”等，还可表示比较、被动。

As a preposition, it is used together with a noun, a pronoun or a phrase to form a prepositional phrase, indicating scope, time, location, and object, etc. It has various meanings, including 在, 向, 给, 自, and 从, etc. It can also express comparison and passiveness.

一、熟读下列各句，指出“于”的意义和用法。

1. 我方倾向于采用综合补偿贸易。
2. 不能把成本涨价转嫁于顾客。
3. 请你方尽早通知我们船名、船期，便于我方做必要的安排。
4. 交货时间不会早于本月28日。
5. 今年春季广交会于4月15日开幕。

二、请用“于”改写下列句子。

1. 这是一家老字号商店，在1940年开业。
2. 佣金不能比2%少。
3. 这次洽谈的设备，我们将用来开发露天煤矿。
4. 为了安全收汇，我们坚持用不可撤销信用证付款方式。
5. 同世界各国友好往来，互通有无，能帮助我国发展经济。

B

一、请用下列词语组成短语。

账户	稳定	履行	信用证	严格	计价
保障	货币	汇率	数目	权利	开立
波动	可观	按期	偿（还）付		

二、请用括号里的词语完成下列句子。

1. 我们同意分期付款方式，但＿＿＿＿＿＿＿＿＿＿＿＿＿＿＿。（垫付）
2. 目前国际金融市场＿＿＿＿＿＿＿＿＿＿＿＿＿＿＿＿＿。（汇率）
3. 我们希望承担的风险小一点儿，＿＿＿＿＿＿＿。（不可撤销信用证）
4. 我们担心用贵国货币付款＿＿＿＿＿＿＿＿＿＿＿＿＿＿。（蒙受）
5. 一般来说，开立信用证所需费用大，＿＿＿＿＿＿＿＿＿＿＿＿＿＿＿＿＿＿＿＿＿＿＿＿＿＿＿＿＿＿＿＿。（不但……而且……）
6. 货物装船后，买方应该立即＿＿＿＿＿＿＿＿＿＿＿＿。（单据、汇票）
7. 请务必严格履行＿＿＿＿＿＿＿＿＿＿＿＿＿＿＿＿＿＿＿。（条款）
8. 我们很乐意采用补偿贸易方式，全部货款＿＿＿＿＿＿＿＿＿。（偿付）

9. 中国银行____。(账户)

10. 为证明你方汇票承兑有效，________________________。(副签)

三、想一想，谈一谈。

1. 谈谈你在付款问题上最担心什么？
2. 你认为哪一种是最好、最方便的付款方式？哪一种是风险最大、最麻烦的付款方式？
3. 买方开立的信用证怎样才是有效的？
4. 分期付款一般怎么做？第一笔货款金额是多少？分几批付清？
5. 补偿贸易是双方都乐于接受的方式吗？为什么？

四、阅读下面的短文，并回答问题。

圣诞卡交易

外商N在小李的商店买了500张音乐圣诞卡，每张3元，又漂亮又便宜，他非常满意，当即付了款，然后提出，他还要订购3500张，但要求圣诞卡的图案和颜色都适合他们国家顾客的口味。双方经过一番讨价还价，终于以每张2.8元成交，两个星期后全部交货，客商N先付定金1000元。小李按时备齐了货，客商N也如期到来，却要退货，不仅拒绝付款，还要求退还定金。双方争执（zhēngzhí）起来。小李说N不守信誉，N说圣诞卡质量不合要求。小李说可以退货，但N必须赔偿经济损失；N说我们成交时没有这样的协议。双方各说各的理，谁也不肯让步。

1. 双方两次的成交总额是多少？
2. N如果拒不付款，小李将蒙受多大损失？
3. N不付款对不对？责任究竟在哪一方？
4. 双方的争执如何解决？

第九课

交货与装船 9

Delivery and Shipment

一、交货日期

罗　斯：李先生，一般来说，贵方需要多少时间才能交货？

李　宁：通常在收到信用证以后30天内可以交货装船。

杰克逊：季节性商品能不能提前交货呢？

李　宁：这要看具体情况，如果厂家生产任务重，安排不开，就很难提前交货。

罗　斯：时间对季节性商品至关重要，如果赶不上销售季节，畅销货就变成滞销品，只有降价处理，我们就要蒙受很大损失。

李　宁：这点我们很理解，一定保证按期交货。能否提前交货要与厂家磋商，估计有一定困难。

杰克逊：希望李先生对我们的要求给予特殊照顾。

李　宁：我们一定尽最大努力。但不管怎样，这批货的交货时间不会早于9月15日，再早确实有困难。

二、装运日期

李　宁：罗斯先生，我们今天讨论一下货物装运问题吧。

罗　斯：好的，请贵公司先谈谈意见。

李　宁：我们这笔生意，是按F.O.B.价格条款成交的，不言而喻，交货装船的港口应是中国港口，你方只有及时派船来接货，我们才能严格履行合同。如果你方没有如期履行派船义务，你方应承担对我公司造成的经济损失。

罗　斯：关于这个问题，我们没有异议。我们合同规定的交货日期是明年5月30日以前，那么，你们什么时候交货呢？

李　宁：我们在收到信用证以后30天内可以交货。

杰克逊：不能再提前一点儿吗？

李　宁：恐怕很困难。我们需要有足够的时间备货，制单，办理出口海关手续等。

罗　斯：那好吧，我们回去就立即开立信用证。希望贵公司收到信用证后，用传真及时通知我们装船的具体时间，以便我们派船受载。

李　宁：我们会办到的。我们也希望你方接到通知后，能及时电告你们的船舶到港受载日期，以便我们安排货物出运和装船工作。

罗　斯：一定，一定，希望我们双方能通力合作。

三、提　　单

李　宁：罗斯先生，关于提单，我们是不是也应该约定一下？

罗　斯：这也正是我们要提出的问题。我们希望在信用证中写明：卖方应将三份正本提单中的一份直接寄给买方。

李　宁：很遗憾，我们不能接受这种三分之一正本提单的要求。

罗　斯：为什么？

李　宁：按国际惯例，三份正本提单具有同等效力，你们可以不向银行付款赎单就提走全部货物，而我们则可能收不到货款，造成财货两空的重大损失。

罗　斯：你对我们没有最基本的信任！

李　宁：请不要见怪，罗斯先生。我们是为了避免不必要的提单纠纷。

罗　斯：好吧，我们放弃这个要求。那么，关于滞期费和速遣费条款呢？

李　宁：我想，我们应该首先在合同的附加条款中明确每天的装卸量。

杰克逊：装卸货时间也应该有明确规定。按我们的习惯，装卸港晴天每天连续工作24小时，节假日除外。

李　宁：我看，最好是在合同中注明：节假日不用不算，用了则要算。这样可能更灵活些，以后在计算速遣费和滞期费时也可以避免发生争议。

罗　斯：好的，这些原则，我都同意。我们就来进一步讨论细节吧！

四、分批与转船

李　宁：罗斯先生，我们这次洽谈的是一笔大宗生意，成交数量大，我们希望能分批装运。

罗　斯：这恐怕不行，因为这批货，都是季节性很强的商品，我们希望同时到货，以便趁销售旺季脱手。

李　宁：我们可以保证按合同如期交货。只是这批货不是一个厂家的产品，我们只能把货物集中在几个中国港口装船。

杰克逊：那么，贵公司打算分几批装运呢？

李　宁：这是不是就不要限制了，只在合同上写明“准许分运”就可以了。

罗　斯：好吧。不过，希望分批越少越好，并且保证按时全部交货。

李　宁：谢谢罗斯先生的合作。还有一个问题，我们这笔生意是按C.I.F.价格成交的，我国没有海船直达贵公司指定的目的港，必须在中途换装其他船舶。

杰克逊：李先生，中途转船，必然延长海运时间，增加转船费用，而且造成转船破损，请李先生充分考虑到这些不利因素。

李　宁：我们考虑过，但只有转船才能到达你方指定的目的港，除非另外选择对我们双方都合适的目的港。

罗　斯：好，我们现在就研究李先生的这个建议。

生　词

1. 至关重要	zhì guān zhòngyào	most important
2. 处理	chǔlǐ	to handle, to deal with, to settle
3. 磋商	cuōshāng	to consult, to exchange views
4. 估计	gūjì	to estimate
5. 给予	jǐyǔ	to give
6. 不言而喻	bùyán'éryù	it goes without saying
7. 及时	jíshí	in time, without delay; timely
8. 义务	yìwù	duty, obligation
9. 造成	zàochéng	to cause, to create, to give rise to
10. 异议	yìyì	objection, dissent
11. 足够	zúgòu	enough
12. 备货	bèihuò	to get the goods ready
13. 制单	zhì dān	to make out the documents
14. 办理	bànlǐ	to manage, to handle
15. 海关	hǎiguān	customs
16. 传真	chuánzhēn	to fax; fax
17. 以便	yǐbiàn	so that, in order that
18. 受载	shòu zài	to be loaded
19. 船舶	chuánbó	ship
20. 通力合作	tōnglì hézuò	to cooperate wholeheartedly, to pull together
21. 约定	yuēdìng	to arrange, to fix, to agree upon
22. 正本	zhèngběn	original (of a document)
23. 具有	jùyǒu	to have, to possess
24. 同等	tóngděng	equal

25. 效力	xiàolì	force, effect
26. 赎单	shú dān	to redeem (the documents)
27. 提走	tízǒu	to take delivery of
28. 财货两空	cái huò liǎng kōng	to lose both the money and the goods
29. 重大	zhòngdà	significant, great
30. 见怪	jiànguài	to take offense, to feel offended
31. 避免	bìmiǎn	to avoid
32. 纠纷	jiūfēn	dispute
33. 滞期费	zhì qī fèi	demurrage
34. 速遣费	sù qiǎn fèi	dispatch fee
35. 装卸	zhuāngxiè	to load and unload
36. 连续	liánxù	to continue
37. 节假日	jiéjiàrì	festival and holiday
38. 分批	fēn pī	in batches
39. 宗	zōng	*a measure word indicating quantity*
40. 脱手	tuōshǒu	to dispose of, to sell
41. 集中	jízhōng	to put together; concentrated
42. 按时	ànshí	on schedule, on time
43. 直达	zhídá	to go straight through to
44. 指定	zhǐdìng	to designate
45. 中途	zhōngtú	en route
46. 延长	yáncháng	to prolong
47. 破损	pòsǔn	to damage

练习

A

赶不上

时间来不及。

Be not in time for; be late.

一、熟读下列各句，体会"赶不上"的意义和用法。

1. 这批货怕赶不上圣诞节了。
2. 飞机就要起飞了，她到现在还没出门，要赶不上飞机了。
3. 季节性商品赶不上销售季节，我们就要蒙受重大经济损失。

二、请用"赶上""赶得上"或"赶不上"回答下列问题。

1. 这批货能保证按期装船吗？
2. 中途转船，必然延长海运时间，可能出现什么结果？
3. 时间这么紧，贵方能保证按时全部交货吗？
4. 这批设备我们希望年底运到，你看怎么样？

以便

用在下半句话的开头，表示使下文所说的目的容易实现。

So that; in order to; so as to. It is used at the beginning of the second clause showing that the result or consequence to be mentioned is easy to achieve by what is mentioned in the first clause.

一、熟读下列各句，体会"以便"的意义和用法。

1. 请把你的电话号码留下，以便有事随时联系。
2. 贵公司收到信用证后，请用传真及时通知我们装船的具体时间，以便我们派船受载。
3. 我们一定尽最大努力，保证季节性商品按期交货，以便赶上销售旺季。

二、请用"以便"完成下列句子。

1. 请你们谈谈具体意见，____________________。
2. 请你方及时派船来接货，____________________。
3. 我们希望合同写得具体明确，____________________。
4. 新产品要有使用说明，____________________。
5. 我们在洽谈中应该考虑到各种因素，____________________。

不过

①用在形容词性的词组后或双音节形容词后，表示程度最高。②副词，表示范围，有往轻处、小处说的意思，跟“只”“仅仅”差不多。③连词，连接分句或句子，表示转折，跟“只是”“但是”用法与含义相近似。

1) It is used after an adjectival phrase or a disyllabic adjective to indicate the highest degree. 2) Adverb: only; merely; no more than. It is used to indicate scope, implying an understatement of something, similar to 只, 仅仅. 3) Conjunction: but; however; only. It is used to connect a clause or a sentence, indicating a turn in meaning, similar to 只是, 但是, etc.

一、熟读下列各句，体会“不过”的意义与用法。

1. 如果你们能提前交货，那是最好不过了。
2. 他出国留学时不过十五岁。
3. 可以分批交货，不过希望分批越少越好。
4. 我们在交货与装船的主要问题上都是一致的，只不过一些细节还得进一步磋商。

二、熟读下列短语，并各造一个句子。

通不过	最好不过	不过两批	跑不过
信不过	最巧不过	不过三片	最漂亮不过
说不过	最快不过	不过十七岁	不过十万元

除非

连词，表示唯一的条件，相当于“只有”。常见格式“除非……才（否则 / 不然）”。

Only if; only when; unless. It is a conjunction indicating the sole condition, similar to 只有. The usual pattern is 除非……才（否则/不然）.

一、熟读下列各句，体会“除非”的意义和用法。

1. 除非另外选择对我们双方都合适的目的港，否则只好转船装运。
2. 除非厂家任务重，安排不开，不然不会不照顾。
3. 估计资金周转有一定困难，除非银行增加贷款。

二、请用"除非"完成下列句子。

1. 能否提前交货要与厂家磋商，________________。
2. 贵方对我们的要求一向给予特殊照顾，________________。
3. 这批货的交货时间不会晚于本月中旬，________________。
4. 我回去立即开立信用证，________________。
5. ________________，我们一定严格履行合同。

B

一、请写出下列词语的反义词和近义词。

延长　降低　赞成　按时　安全　集中

滞销　增加　疲软　灵活　优质　热门

获得　下跌　稳定　接受　远期　担心

合法　短缺　保留　遵守　破损　吃亏

二、从上面至少选择十个词，说一段话。

三、选词填空。

至关重要	磋商	延长	不言而喻
通力合作	脱手	按时	备货

1. 季节性商品能否________交货________，希望我们双方能________。
2. 你方如不履行合同，________，你方应承担对我公司造成的经济损失。
3. 这批大宗货________需多长时间？
4. 因为我们没有班轮直达贵方指定的目的港，中途转船事宜还要进一步________。
5. 中途转船，必然________海运时间，赶不上销售季节，商品________会有一定困难。

四、想一想，谈一谈。

1. 贸易洽谈中，你在磋商交货的具体细节时有么趣事和经验？

2. 货物装运中最大的麻烦是什么？你最担心什么？

五、阅读下面的短文，并回答问题。

东方外运公司

东方外运公司同世界170个国家和地区的3.6万家客商建立了贸易往来关系，承办了上海口岸80%的海运出口业务。在全世界设有78家货运代理，在欧洲、日本、澳大利亚、新加坡、香港地区和美国开展了集运分拨（bō）业务，拥有全国最大的集装箱货运站，采用先进的电脑管理。他们提出了“安全、迅速、准确、方便”的运输方针，以优质运输服务，赢得了国外客户的信任。一次，有一批黄铜（tóng）管要用集装箱运往国外，但铜管长短不一，每箱重达三百多公斤，装箱难度极大。货主既怕影响交货期，又怕黄铜管因磕碰（kēpèng）而损坏。东方外运公司“急客户所急，想客户所想”，终于把这批货物安全、完好地运抵目的地，货主和买主都非常满意。

1. 东方外运公司的主要业务是什么？

2. 东方外运公司都同哪些国家、地区建立了业务往来？

3. 东方外运公司的服务方针是什么？

第十课

10 包　装

Packing

一、包装与装潢

陈其然：史密斯先生，今天我们谈谈包装。

史密斯：好。这个问题很重要，我们应该好好儿谈谈。

陈其然：我们知道，包装作为商品的重要组成部分，至少有三大作用，即保护商品、便于储存、传达信息。

史密斯：无论是内包装，还是外包装，起码应该具有这三个功能。我们就按这个原则来谈吧！

陈其然：那么，我们是先谈内包装还是先谈外包装？

史密斯：我们就先谈内包装吧，也就是销售包装，你看怎么样？

陈其然：好的。史密斯先生已经看了样品，对我们的销售包装有什么印象？

史密斯：在当今国际市场上，同类商品竞争激烈，包装和装潢往往是成败的关键。我希望贵公司的产品包装能重视这一条市场规律。

陈其然：佛要金装，人要衣装嘛，商品当然也要有好的包装喽！怎么，史密斯先生对我们的包装不满意？

史密斯：恕我直言，如果商品是一流质量、二流包装、三流价格，在市场上就没有竞争力了！

陈其然：我们有过忽视包装的深刻教训。包装傻、大、粗，不美观漂亮，不便储存、运输，每年都因商品包装不善造成很大的经济损失。

玛　丽：包装也是提高商品附加值的重要手段，一流质量、二流包装，就只能卖三流价格，这个潜在的经济损失恐怕更大。

陈其然：是的。所以我们现在非常重视这个问题。

玛　丽：这是一个好消息。

陈其然：这几年，我们的包装和装潢都有了很大改进。仅以出口茶叶为例，从粗糙的大包装改为方便精致的小包装，中国茶叶在国际市场上的售价就提高了10%～50%。

史密斯：是的，我们注意到，近几年来中国商品包装变得轻巧、精致多了。像可口可乐易拉罐、雀巢咖啡筒装和一些国外名牌软饮料包装，都是在中国制造的，而且都已经达到国外同类产品的包装质量水平。

陈其然：看来，史密斯先生对我国的包装业了如指掌！

史密斯：哦，不了解不行啊！

二、包装与运输

陈其然：史密斯先生，关于包装问题，我们已经谈得很多了，你还有什么具体意见吗？

史密斯：我们这次订购的一批袋泡茶，采用了上等无毒、无味过滤纸，冲泡方便，清洁卫生，我很满意。

陈其然：罐装茶呢？

玛　丽：罐装茶的罐盒加工精细，密封度好，开合很省力。

陈其然：那么，装潢呢？

史密斯：总的来说，装潢设计不错，既有中国民族特色，又符合我们国家消费者的心理；既古色古香，又现代味儿十足。

陈其然：听起来，史密斯先生好像还有不满意的地方。

史密斯：标签太简单了。从外观只能看见商品名称和产地，缺少一些很重要的说明，比如：成分含量，是否有人工颜料和添加剂、防腐剂，保质期，生产日期，使用方法，等等。

玛　丽：在我们那里，顾客对商品一无所知，是不会掏腰包的。你们放弃了用商品做广告的好机会。

陈其然：可惜生米已经煮成熟饭了。

玛　丽：那就再煮一锅新饭。包装材料、包装设计、包装印刷都要十分考究，一定要让顾客一见就爱，不买就舍不得走。

陈其然：我们尽量去说服厂家。我相信，让商品有一个漂亮包装，也是他们的心愿，何况还可以提高附加值呢！

史密斯：好，我们就这么说定了。现在，我们来谈谈外包装，也就是运输包装问题。

陈其然：哦，史密斯先生可以放心。这批货，我们准备用优质牢固胶合板箱，内衬铝薄纸，箱外有两道加固带，远洋运输，万无一失。

史密斯：很好，再加上良好的内包装，就可以防水、防潮、防霉、防串味儿、防碰撞破损，海运我们也就放心了。

陈其然：你们这次订购的茶叶，不够装一个标准集装箱，恐怕得和别的货物拼箱装运。

史密斯：所以请你们注意大包板箱的内外径尺寸，尤其是瓦楞纸箱内外径尺寸相差很大，弄不好，拼箱时一个标准集装箱装不下，就要增加运费了。

陈其然：好的，我们一定注意。

生 词

1. 包装	bāozhuāng	packing; to pack
2. 装潢	zhuānghuáng	to decorate; decoration, packaging
3. 组成	zǔchéng	to constitute, to make up, to compose
4. 保护	bǎohù	to protect
5. 储存	chǔcún	to store
6. 传达	chuándá	to transmit, to communicate

7. 信息	xìnxī	information
8. 起码	qǐmǎ	at least
9. 当今	dāngjīn	nowadays, present time
10. 重视	zhòngshì	to attach importance to, to lay stress on
11. 规律	guīlǜ	law, regular pattern
12. 佛	fó	Buddha
13. 忽视	hūshì	to neglect
14. 教训	jiàoxùn	lesson
15. 美观	měiguān	beautiful, pleasing to the eye
16. 不善	búshàn	not good, bad; not to be good at
17. 潜在	qiánzài	potential
18. 改进	gǎijìn	to improve
19. 精致	jīngzhì	fine, exquisite
20. 轻巧	qīngqiǎo	light and handy
21. 易拉罐	yìlāguàn	pop-top can
22. 筒装	tǒng zhuāng	canister
23. 软饮料	ruǎnyǐnliào	soft drink
24. 制造	zhìzào	to make, to manufacture
25. 了如指掌	liǎorúzhǐzhǎng	to know something like the palm of one's hand
26. 毒	dú	toxin, poison
27. 过滤	guòlǜ	to filter
28. 冲	chōng	to pour boiling water on
29. 罐装	guàn zhuāng	packed in cans
30. 精细	jīngxì	meticulous, fine, careful
31. 密封	mìfēng	to be airtight, to seal
32. 省力	shěng lì	to save effort
33. 设计	shèjì	design; to design
34. 民族	mínzú	nationality, ethnic group
35. 古色古香	gǔsè-gǔxiāng	antique, quaint
36. 现代	xiàndài	modern times
37. 标签	biāoqiān	label
38. 外观	wàiguān	exterior, outer appearance

39. 成分	chéngfèn	ingredient
40. 人工	réngōng	artificial
41. 颜料	yánliào	color, pigment
42. 添加剂	tiānjiājì	additive
43. 防腐剂	fángfǔjì	antiseptic
44. 一无所知	yì wú suǒ zhī	to know nothing about
45. 腰包	yāobāo	purse, wallet
46. 生米已经煮成熟饭	shēngmǐ yǐjīng zhǔchéng shúfàn	the rice has been cooked—what is done cannot be undone
47. 材料	cáiliào	material
48. 印刷	yìnshuā	to print
49. 考究	kǎojiu	exquisite
50. 舍不得	shěbude	to be reluctant to, to hate to part with
51. 说服	shuōfú	to persuade
52. 心愿	xīnyuàn	aspiration, wish
53. 何况	hékuàng	much less, let alone
54. 牢固	láogù	firm, secure
55. 胶	jiāo	glue
56. 板箱	bǎn xiāng	wooden case, crate
57. 衬	chèn	to line, to place something underneath
58. 铝	lǚ	aluminum
59. 加固带	jiāgù dài	strap for reinforcement
60. 万无一失	wànwú-yìshī	no risk at all
61. 防水	fáng shuǐ	to be waterproof
62. 防潮	fángcháo	to be moisture-proof
63. 防霉	fáng méi	to prevent food from going moldy
64. 串味	chuànwèi	to absorb the smell of something else
65. 碰撞	pèngzhuàng	to collide
66. 集装箱	jízhuāngxiāng	container
67. 拼箱装运	pīn xiāng zhuāngyùn	to fit together (in one container)
68. 尺寸	chǐcùn	size, measurement
69. 瓦楞纸	wǎléngzhǐ	corrugated paper

练 习

A

往往

表示某种情况一般是怎么样或可能会是怎么样。与“常常”相近，但有不同，“常常”表示行为经常反复。

Often; frequently; more often than not. It shows what something is or will be like generally. It is similar to 常常. The difference is that 常常 implies the frequent repetition of an event.

一、熟读下列各句，体会和比较“往往”“常常”的意义和用法。

1. 他常常天一亮就起床。
2. 一到冬天，他往往天一黑就睡觉了。
3. 聪明的商人都知道，成功与失败往往只差一步。
4. 包装不精巧，往往影响商品销售。

二、请用“往往”和下列词语造句。

竞争　　规律　　潮流　　考究

舍不得

动词，意思是不忍分离、不忍抛弃、不忍使用，后面可带名词、动词词组做宾语。“舍不得”的肯定形式是“舍得”。“舍得”常用于问句和对比句中。

It is a verb, meaning “hate to part with” or “grudge abandoning or using”. It can take a noun or a verbal phrase after it as its object. Its positive form is 舍得, which is often used in an interrogative or a contrastive sentence.

一、熟读下列各句，体会“舍得”“舍不得”的意义和用法。

1. 中国的父母为了孩子花多少钱都舍得，为自己却舍不得。
2. 先生舍不得花时间陪太太逛商店。
3. 外出旅行他舍不得住高级宾馆。
4. 母亲就我这么一个女儿，她舍不得我离开她出国求学。

5. 中国有句俗话叫"舍不得孩子，套不着狼"，意思是只有冒大风险才能有大收获。

二、请用"舍不得"和下列词语造句。

降价处理　陈旧设备　提供资料　科技投资　放弃

何况

连词，用反问的语气表示比较起来有更进一层的意思，用于后一小句句首。前一小句常有"尚且""都""连……都(也)……"等表示让步意义的连词相呼应。"何况"前面还可以加"更、又"，后面可以加"又"。

Conjunction: let alone; in addition. It is used in rhetorical questions to express a further level by comparison. It is placed at the beginning of the second clause. In concert with it, connectives expressing concession such as 尚且, 都, 连……都(也)…… are often used in the first clause. 何况 can also be preceded by 更 or 又, and can be followed by 又.

一、熟读下列各句，体会"何况"的意义和用法。

1. 这么小的字，眼睛好的人看着都吃力，何况你是近视眼呢?
2. 这么优质的产品都卖不出去，何况质量一般的产品呢?
3. 他忙得连睡觉都没有足够的时间，更何况与朋友交往?
4. 这个标准他连自己都做不到，又何况别人?

二、请用"何况"完成下列句子。

1. 现在按时交货都有困难，______________________________。
2. 连用不可撤销信用证付款老板都担心，______________________________。
3. 直达目的港我们还怕赶不上销售季节，______________________________。
4. 长途运输注意包装尚且会出现碰撞破损，______________________________。
5. 精巧的小包装尚且不受欢迎，______________________________。

弄

动词，基本意思是"做"，也可表示其他一些动词的意思。比如说"弄饭(做饭)""弄鱼(杀鱼、洗鱼)""一定要弄(调查)个水落石出"，等等。

It is a verb whose basic meaning is "do". It can also be used to express the meaning of some other verbs such as 弄饭, 弄鱼, 一定要弄个水落石出, etc.

请注意下面两种用法：①“弄＋得”，意思是“使得”，多用于不好的方面，比如说“他讲得有理，弄得我无话可说”“这件事弄得我进退两难”；②“弄”表示“设法取得”的意思，后面常带数量词语，例如“你去弄点儿吃的来”“你想法去给我弄两张电影票来”。

Please pay attention to the following two usages: 1) 弄 + 得, meaning “cause” or “render”, is more often used in a negative sense. For instance, 他讲得有理，弄得我无话可说 ; 这件事弄得我进退两难 . 2) 弄 can mean “get” or “fetch”. In this case it is often followed by a numeral-classifier. For instance, 你去弄点儿吃的来 ; 你想法去给我弄两张电影票来 .

一、熟读下列各句，体会“弄”的意义和用法。

1. 真弄不懂市场行情变化怎么这么快！

2. 同类商品竞争这么激烈，及时弄到信息至关重要。

3. 我太太手巧，简单的几样菜可以弄得很好吃。

4. 这次教训是深刻的，我们必须弄清市场规律。

5. 饮料中放那么多添加剂、防腐剂，弄得谁都不敢喝了！

二、请用“弄”完成下列句子。

1. 这身衣服太考究，________________。

2. 外观粗糙的包装________________。

3. 外包装的加固带不牢固，________________。

4. 茶叶包装密封度要好，________________。

5. 下雪天路面太滑，________________。

B

一、请用下列词语完成句子。

1. 佛要金装，人要衣装

（1）在当今国际市场，吸引人的包装对销售起很大作用，________________________________。

（2）不但商品质量要好，包装也要讲究。要人见人爱，________________________________嘛。

（3）贵国包装一改过去的傻、大、粗，看来经营思想有了改变，懂得了________________，这是一个不小的进步。

（4）你看老板今天穿了设计新颖的服装，现代味儿十足，人也年轻、漂亮了，真是＿＿＿＿＿＿＿＿＿＿＿＿＿＿＿＿＿＿＿＿＿＿。

2. 古色古香

（1）这套家具从款式到颜色都＿＿＿＿＿＿＿＿＿＿＿＿＿＿＿＿＿＿＿＿。

（2）我太太既喜欢有现代味儿的，也喜欢＿＿＿＿＿＿＿＿的中国瓷器。

（3）地毯的图案＿＿＿＿＿＿＿＿＿＿＿＿＿＿＿＿＿，很有民族特色。

（4）＿＿＿＿＿＿＿＿＿＿＿＿＿的手工艺品，刚投放市场就销售一空。

3. 一无所知

（1）他对目前市场行情＿＿＿＿＿＿＿＿＿＿＿＿＿＿＿＿＿＿＿＿＿＿＿。

（2）他第一次来中国，对贵国消费者心理＿＿＿＿＿＿＿＿＿＿＿＿＿＿。

（3）请你详细介绍一下最近贵国所创的名牌商品，＿＿＿＿＿＿＿＿＿＿＿＿＿＿＿＿＿＿＿＿＿＿＿＿＿＿＿＿＿＿＿＿＿＿＿。

（4）很难相信，推销员对所推销商品＿＿＿＿＿＿＿＿＿＿＿＿＿＿＿＿。

4. 生米已经煮成熟饭

（1）你的建议提得很好，商品说明是太简单了，但＿＿＿＿＿＿＿＿＿＿＿＿＿＿＿＿＿＿＿＿＿＿＿＿＿＿＿＿＿＿＿＿＿＿＿。

（2）中国饮茶有这么多讲究，我第一次听说。这包名牌茶叶我冲泡不当，＿＿＿＿＿＿＿＿＿＿＿＿＿＿＿，下次我一定按你说的去做。

（3）他们已签合同，＿＿＿＿＿＿＿＿＿＿＿＿＿＿＿＿＿，你阻止也晚了。

（4）货已装上船，无法追回，＿＿＿＿＿＿＿＿＿＿，你着急也没有用了。

5. 万无一失

（1）这批货的海运问题我们已做好安排，＿＿＿＿＿＿＿＿＿＿＿＿＿＿＿。

（2）这批大宗货物的交货日期＿＿＿＿＿＿＿＿＿＿＿＿＿＿＿＿＿＿＿＿＿。

（3）既然商品是第一流的，我们希望包装和装潢也是第一流的，这样＿＿＿＿＿＿＿＿＿＿＿＿＿＿＿＿＿＿＿＿＿＿＿＿＿＿＿＿＿＿＿＿＿＿＿。

（4）为安全起见，我们已为这批高档商品保了特别险，＿＿＿＿＿＿＿＿。

二、熟读下列词语，并选择适当的词语完成句子。

符合	轻巧	民族	名称
改进	忽视	不善	产地

牢固	碰撞	串味	防潮	运输
远洋	精细	特色	考究	设计

1. 顾客都喜欢________________包装。
2. 远洋运输的包装首先要求____________，同时要求________________、____________、____________。
3. 好的包装和装潢讲究________________。
4. 包装____________一定影响销售，所以____________。

三、想一想，谈一谈。

1. 你喜欢什么样的包装？请例举贵国或中国有民族特色的两三种名牌商品包装。你觉得它们好在哪儿？
2. 有特色的包装和装潢要注意些什么？你对中国商品的包装和装潢有什么看法？你认为哪些地方需要改进？

四、阅读下面的短文，并回答问题。

一个仓库收发员

我是一个外运仓库的收发员，有人说我的工作太简单，没意思。工作嘛，只要货单相符，照单收发货物呗。可我给自己立了三条规矩：有损仓库信誉的事不做！有损客户利益的事不做！违反外贸制度的事不做！有一次，食品进出口公司在我库提取 3 000 箱马蹄（tí）丁运往美国。但在装货时，我突然发现有一个纸箱外有黄色斑迹（bānjì），有的地方已经发黑变霉。经验告诉我，这箱罐头发生“胖听”了。我当然扣下这箱检查，但已经装上车的近千箱里有没有“胖听”呢？是照样发箱装运还是停止运货，重新检查呢？要重新检查，就要把近千箱罐头全部倒腾（dǎoteng）一遍，这是多大的工作量啊！可我最后还是决定检查。我们从这 3000 箱中剔除瘪（biě）听、胖听，甚至生锈（xiù）、变质的罐头，一共 15 箱，使这批货按期、保质运往美国。

1. 外运仓库收发员为自己立了哪三条规矩？
2. 这批食品罐头的内包装和外包装出现了什么问题？
3. 外运仓库收发员为什么决定把已经装上车的近千箱罐头全部倒腾一遍？
4. 外运仓库收发员的工作有什么结果？

第十一课

11 保　险

Insurance

一、险别与业务范围

史密斯：陈先生，请问，对外贸易货物运输保险应向哪家公司投保？

陈其然：您可以通过外贸保险网上平台，根据要保运的货物选择合适的保险公司，就可以很快办理好全部保险业务。如果被保险货物在运输途中发生保险范围内的损失，保险公司负责赔偿。

史密斯：这与国际保险业务一样嘛。

陈其然：是这样的。投保人的故意行为，双方不履行合同，货运中自然损耗等，保险公司概不负责。

史密斯：这也是相同的。请问，贵国保险公司主要有哪些保险业务？

陈其然：主要有平安险、水渍险和一切险三种。如客户要求，可加保一般附加险和特殊附加险。

史密斯：保险责任起讫期限多长？

陈其然：我国一般采用国际保险中惯用的“仓至仓”责任条款。但如属于特殊附加险的战争险，就不采用“仓至仓”条款。如果中途转船，另有规定，细节就更复杂了。

史密斯：这么说，我还应该认真研究一下贵国的保险法。

二、具体险别的责任范围

史密斯：陈先生，你能介绍一下贵国“平安险”的责任范围吗？

陈其然：可以。顾名思义，“平安险”负责货物在海、陆运输中平安到达。确切地说，是指投保货物在运输途中由于自然灾害和意外事故造成的全部损失，保险公司负责赔偿。

玛　丽：那么，也包括单独海损吗？

陈其然：你的意思是否指不在船、货共同危难中发生的损失？

玛　丽：是的。

陈其然：“平安险”的英文原意就是单独海损不赔。

玛　丽：那么，贵国保险公司承担的“水渍险”，是否就负责赔偿单独海损呢？

陈其然：是的，“水渍险”的英文原意就是单独海损负责。因此，水渍险的责任范围，既包括平安险责任范围内的全部责任，也负责由于海上自然灾害所引起的货物的部分损失。

玛　丽：这就是说，水渍险的责任范围比平安险要宽！

陈其然：是的，所以保险费也高一些。

史密斯：陈先生，我们这一次订货是按F.O.B.价格成交的，我们应该怎么投保呢？

陈其然：我建议你投保水渍险。

史密斯：可以投保战争险和罢工险吗？

陈其然：可以。不过，那是属于特殊附加险业务了。

史密斯：好的，我明白贵国的保险业务了，现在我们可以来具体商谈合同中的保险条款了。

三、保险费的计算与赔偿

史密斯：陈先生，我们这批货是按 F.O.B. 离岸价格条款成交的，我们双方的保险责任应该怎么划分？

陈其然：F.O.B. 是装运港船上交货价。这就是说，货物越过船舷，我方就完成了交货，也就完成了风险转移。

史密斯：那么，货物越过船舷前的风险由你方承担，越过船舷后的风险则由我方承担？

陈其然：是这样。这一点已经明确写在合同中了。

史密斯：陈先生，我们这批货物容易破损，你们能为我们加保破碎险吗？

陈其然：破碎险属于一般附加险，我们可以代你们投保，但费用要由你们负担。

史密斯：这没问题。

陈其然：好吧，我们办理完毕，就把保险单交给你们。

玛　丽：谢谢。陈先生，还有一个问题，货物运到目的港后，一旦发现短缺或破损，我方应在哪儿提出索赔？

陈其然：你们可以凭合同、保险单和有关证件找保险公司在贵国所设的理赔、检验代理人申请索赔。

史密斯：话虽这么说，我们还是希望万事如意！

陈其然：但愿如此！

生 词

1. 投保	tóubǎo	to insure
2. 途中	tú zhōng	in transit
3. 赔偿	péicháng	to indemnify
4. 行为	xíngwéi	act

5. 损耗	sǔnhào	to cause loss, to wear and tear; wastage
6. 概不负责	gài bú fùzé	to have no responsibility under any circumstance
7. 平安险	píng'ān xiǎn	free of particular average (F.P.A.)
8. 水渍险	shuǐ zì xiǎn	with particular average (W.P.A.)
9. 附加险	fùjiā xiǎn	additional risk
10. 起讫	qǐqì	to be from beginning to end
11. 期限	qīxiàn	time limit
12. 仓至仓	cāng zhì cāng	warehouse to warehouse
13. 属于	shǔyú	to belong to
14. 战争险	zhànzhēng xiǎn	war risk insurance
15. 复杂	fùzá	complex
16. 顾名思义	gùmíng-sīyì	as the term suggests
17. 确切	quèqiè	exact
18. 灾害	zāihài	calamity
19. 意外	yìwài	unexpected
20. 事故	shìgù	accident
21. 单独	dāndú	particular, alone
22. 海损	hǎisǔn	average; sea damage
23. 危难	wēinàn	peril
24. 罢	bà	to strike
25. 离岸价格	lí'àn jiàgé	F.O.B. price
26. 划分	huàfēn	to divide
27. 越过	yuèguò	to cross, to go over
28. 船舷	chuánxián	board, side of a ship, gunwale
29. 完成	wánchéng	to complete
30. 转移	zhuǎnyí	to shift, to transfer
31. 破碎险	pòsuì xiǎn	risk of breakage
32. 负担	fùdān	to bear (a burden), to shoulder
33. 完毕	wánbì	to finish
34. 索赔	suǒpéi	to lodge a claim
35. 证件	zhèngjiàn	certificate
36. 理赔	lǐpéi	to settle a claim

37. 检验	jiǎnyàn	to inspect
38. 申请	shēnqǐng	to apply
39. 万事如意	wànshì rúyì	everything is as one wishes
40. 但愿如此	dàn yuàn rúcǐ	let's hope so

练 习

A

概不

“概”是副词，总括前边提到的事物、意义等。“概不”意思是“一律不”，后面多跟双音节动词或词组。

Do not...; without exception. Here 概 is an adverb, summing up what is mentioned above. 概不 is often followed by a disyllabic verb or phrase.

一、熟读下列词组，体会“概不”的意义和用法。

概不退换	概不赔偿	概不接见	概不索赔
概不负责	概不接受	概不负担	概不理赔
概不装运	概不担保	概不办理	概不投放（保）
概不照顾	概不受理	概不补偿	概不试销
概不安排	概不垫付	概不保护	概不签订（发）

二、请从上面选择十个词组各造一个句子。

要

副词。①表示动作、事件即将发生，前边有时有“就”“快”等词。②表示比较，常与“比”相搭配用。③表示希望、提醒或命令某人做某事。有“应该”“必须”的意思。

It is an adverb: 1) Shall; will; be going to. It indicates that an action or an event will happen soon, and is sometimes preceded by such words as 就, 快, etc. 2) It is used to collocate with 比, showing comparison. 3) Must; should. It is used to express that you want, wish, or command someone to do something.

一、熟读下列各句，体会“要”的意义和用法。

1. 旅游旺季就要到了，我们急于购进一批旅游纪念品。
2. 平安险的保险范围比水渍险的要窄。
3. 我们认为，还是加保偷窃险要好一些。
4. 请你们及时派船来受载，如果误期，你们要赔偿我方的经济损失。
5. 保险起讫日期要在合同中写清楚。
6. 这批货的保险期限快要到了，再不提出索赔，公司就要蒙受巨大经济损失了。

二、请用“要”和括号里的词语完成下列句子。

1. 这批货物装船以后，__________以便我们及时安排。（通知）
2. 水渍险比平安险所负的责任宽，保险费__________。（高）
3. 这次出的事故不在保险范围以内，责任__________。（承担）
4. 投保虽然增加了费用，但__________。（放心）
5. 对货物损坏程度，__________。（检验）
6. 中国人民保险公司在贵国设有理赔、检验代理人，__________。（方便）

由

①动词，意思是“听任、听凭”，后面必带名词宾语或兼语。②介词，引进施动者。代表受动者的名词或在它的前面做主语，或在它的后面做宾语。

注意：有时一个句子里的“由”字可能是做动词用，也可能是做介词用，怎么判断呢？重音在“由”上，是动词；重音在后面的名词上，是介词。

1) Verb: allow; let (somebody do as he pleases). It must be followed by a nominal object or pivot. 2) Preposition: It introduces the agent of the verb. The patient may be placed before it, functioning as the subject; or placed after it, functioning as the object.

Attention: 由 in a sentence may either be a verb or a preposition. How can we judge then? If the stress falls on 由, it is a verb. If the stress falls on the noun after 由, it is a preposition.

一、熟读下列各句，体会“由”的意义和用法。

1. 我已经说过了，信不信由你。
2. 谁的话他都不听，只好由他去。
3. 我这儿的东西，只要你喜欢，由你挑。
4. 这事由你全权处理。
5. 这个委员会由三方七位代表组成。
6. 你们来北京以后，由我们公司负责接待。
7. 这事由你决定。

二、请用“由”和下列词语造句。

投保　　负担　　完成　　设计　　赔偿　　检验

B

一、请用下列词语组成短语。

范围　　办理　　期限　　责任　　发生　　履行
破损　　投保　　赔偿　　损耗　　条款　　事故
造成　　意外　　申请　　索赔

二、请用下列词组造句。

确切地说　　顾名思义
话虽这么说　　由……负担

三、想一想，谈一谈。

1. 贵公司在进出口货物时，一般都投保吗？投保什么险别？
2. 贵国保险公司一般负责哪些赔偿？不负责哪些赔偿？
3. 贵公司与中国人民保险公司有业务往来吗？往来情况怎样？
4. 你有过保险索赔的经历吗？试谈一个案例。

四、阅读下面的短文，并回答问题。

被告变原告

一次，一艘外轮抵达青岛港，货物卸船后，发现严重残（cán）损，价值达三万三千多美元。按规定，只有货主才有权提出索赔，但这批货的货主众多，一时难以统一理赔，眼看一年的索赔期限就要过去了，外贸运输公司的王海决定以租船人的名义向卖方索赔。七次致函（zhìhán），卖方都置之不理。原来，卖方用的是缓（huǎn）兵之计。一年后，卖方向仲裁（zhòngcái）部门提请仲裁，理由是外运公司不是货主，而且索赔期已过。王海根据《租约条款》中"不受一年时效限制"的条文，以租船人名义提出索赔，并替卖方向各货主一一赔款，然后由中国保险公司出具了赔款证据，确认了追偿权。因此王海向卖方提出反诉，由被告变为原告，这场官司以卖方如数赔付全部损失而告终。

1. 货物残损，按规定应由谁提出索赔？
2. 外贸运输公司有资格提出索赔吗？
3. 卖方为什么要用缓兵之计？
4. 王海为什么能由被告转变为原告，而且胜诉？

第十二课

12 海关与商检

Customs and Commodity Inspection

一、海关与商检实务

陈其然：史密斯先生，我们现在开始讨论合同中的商检条款。

史密斯：陈先生能先介绍一下贵国的海关与商检实务吗？

陈其然：可以。海关必须对进出口货物实行监管，这是国际上通行的做法，中国也不例外。

玛　丽：不过，各国海关如何实施监管却不完全相同。

陈其然：是这样。海关监管的目的，是为了维护国家的利益和贸易关系人的利益，不同国家就难免有不同的监管要求。

史密斯：正因为这样，特别是涉及安全、卫生、环保和动植物检疫，各国的检验要求就有比较大的区别了。那么，贵国有什么特别的法规吗？

陈其然：这方面的有关法规比较复杂，我建议你仔细看一看我们国家的《商检法》及其实施细则。

史密斯：好的。关税，也是我十分关心的问题，陈先生能粗略介绍一点儿情况吗？

陈其然：加入 WTO 后，我国按照加入承诺，逐步降低关税水平。平均关税水平从 2001 年加入时的 15.3% 降到 9.8%。其中，工业品平均关税从 14.8% 降到 8.9%，农产品平均关税从 23.2% 降到 15.1%。

玛　丽：陈先生，我还有一个问题。

陈其然：是关于海关申报手续吧？

玛　丽：是的。贵国的海关申报手续复杂吗？

陈其然：不复杂，非常快捷、简单。

玛　丽：可以说得详细一点儿吗？

陈其然：现在各海关都采用了自动化通关系统，报关、审核、征税、查验、放行，都已经实现联网。报关员只需把报关单交给接单官员，在出单窗口等候出单，再持提单或装货单到监管现场办理查验放行手续就行了。

玛　丽：好，我明白了，这样报关确实是快捷、简单！

二、合同条款磋商

陈其然：史密斯先生，关于商检条款，有许多问题，我们已经达成一致意见了。

史密斯：是的。比如品质、规格、包装、数量等的检验标准，我们都没有争议了。

陈其然：那么，你看还有什么问题呢？

史密斯：关于商检的出证机构和商检的时间、地点，我们还需要进一步磋商。

陈其然：我同意。因为这涉及议付、索赔和索赔期限。

史密斯：我们希望以到岸的品质、重量为依据。

陈其然：你是说，要由目的港的商检机构进行商检？

史密斯：是的。以他们出具的商检证明作为议付和索赔的最后依据。

陈其然：史密斯先生，国际上现在很少有人采取这种做法，你知道，这种做法明显对卖方不利。

史密斯：那么，陈先生有什么建议呢？

陈其然：以我国装运港商检机构出具的检验证书做依据。

史密斯：哈，哈，陈先生，你认为这对我们公平吗？

陈其然：货到目的港后，你们有复检权嘛！

史密斯：嗯，这样我们可以接受。

陈其然：不过，复检机构应该是我们也认可的。

史密斯：可以。

陈其然：货到目的港后，复检时间最多不能超过30天。

玛　丽：从哪天算起？

陈其然：从到港日算起。

玛　丽：这批货的目的港十分繁忙，30天内我们根本无法完成卸货、拆箱、检验的任务。

陈其然：我们了解你们目的港的情况，30天复检时间已经很富余了。

玛　丽：30天包括节假日吗？

陈其然：啊，当然是工作日。

史密斯：那好吧，我们就这么定了。

陈其然：史密斯先生，我们在办理出口手续时，要填写出口检验申请单，希望能得到你们的协助。

史密斯：你的意思是……

陈其然：你知道，我们需要提供合同、信用证、来往信函等有关文件。

史密斯：哦，我明白了，陈先生是担心我们不按时开立信用证，你们无法报关？

陈其然：信用证与合同不符，不仅不能顺利报关，以后议付也有麻烦，你说是不是？

史密斯：合同、单证要相符，这是最起码的嘛，我们也希望你们能严格履行这个义务。

陈其然：当然，我们会及时给你们寄去发票、运单、提单、装箱清单等有关单证，保证准确无误。

史密斯：那太好了！希望我们能顺利、安全提货，你们也能顺利、安全收回货款！

生词

1. 商检	shāngjiǎn	commodity inspection
2. 实务	shí wù	actual practice
3. 监管	jiānguǎn	to supervise
4. 通行	tōngxíng	to go through
5. 例外	lìwài	exception
6. 维护	wéihù	to safeguard, to maintain
7. 环保	huánbǎo	environmental protection
8. 动物	dòngwù	animal
9. 植物	zhíwù	plant
10. 检疫	jiǎnyì	to quarantine
11. 法规	fǎguī	laws and regulations
12. 实施	shíshī	to implement
13. 细则	xìzé	detailed rules
14. 关税	guānshuì	customs duty, tariff
15. 粗略	cūlüè	brief, sketchy
16. 承诺	chéngnuò	promise; to promise
17. 降低	jiàngdī	to reduce; to lower
18. 申报	shēnbào	to declare
19. 快捷	kuàijié	fast
20. 自动化	zìdònghuà	to automatize
21. 通关	tōngguān	to go through the customs
22. 系统	xìtǒng	system
23. 报关	bàoguān	to clear goods through the customs
24. 审核	shěnhé	to verify, to check
25. 征税	zhēng shuì	to levy taxes
26. 查验	cháyàn	to examine, to check
27. 放行	fàngxíng	to let pass
28. 联网	liánwǎng	to connect to the network
29. 官员	guānyuán	officer, official
30. 等候	děnghòu	to wait
31. 提单	tídān	bill of lading

32. 现场	xiànchǎng	scene, site, spot
33. 一致	yízhì	unanimous
34. 标准	biāozhǔn	standard
35. 出证	chū zhèng	to issue a certificate
36. 到岸	dào àn	to arrive at shore
37. 依据	yījù	foundation, basis
38. 出具	chūjù	to issue
39. 证书	zhèngshū	certificate
40. 复检权	fùjiǎn quán	right to reinspect
41. 认可	rènkě	to approve
42. 繁忙	fánmáng	busy
43. 卸货	xièhuò	to unload
44. 拆箱	chāi xiāng	to unpack
45. 信函	xìnhán	letters
46. 单证	dān zhèng	documents
47. 准确无误	zhǔnquèwúwù	accurate and with no mistakes
48. 提货	tíhuò	to take delivery of goods

练 习

A

正因为

“正”，副词，有“恰好”的意思，起强调作用。例如：“这笔资金正可以用来缴纳关税。”“正”常与“如”“像”“因为”结合在一起，意思是“恰好如”“恰好像”“恰好因为”，也是起强调指明的作用。

正 is an adverb for emphasis, with the meaning of “just right”. For instance, 这笔资金正可以用来缴纳关税 . 正 is often used together with 如, 像, 因为 for emphasis, meaning “just as”, “just like” or “exactly because”.

一、熟读下列各句，体会“正”“正因为”的意义和用法。

1. 正如我们所希望的那样，一切顺利。
2. 正因为市场竞争激烈，我们才有危机感。
3. 正像人离不开空气一样，人也不能没有粮食。
4. 正因为是你的事，我才这么关心。

二、请用“正因为”改写下列句子。

1. 现在实现了计算机联网，申报手续非常快捷、简单。
2. 关于商检条款还有许多问题，我们要继续磋商。
3. 我们担心以后议付有麻烦，所以请你们为我们提供一切有关文件。
4. 我这次行李又多又重，希望出关时得到你的帮助。

及其

“及其”，是连词“及”加代词“其”组成的一个固定词组，意思相当于“和他的”。“及其”连接的后一项事物是从属于前一项的，或与前一项有关的。

This set phrase is made up of the conjunction 及 and the pronoun 其, meaning “and his (her, its, etc.)”. The matter placed after 及其 either belongs or is related to the one before it.

一、熟读下列各句，体会“及其”的意义和用法。

1. 总统及其随行人员同机到达。
2. 明天一定要准备好合同正本及其附件。
3. 谈判的进展及其结果，都没有出乎他的意料。
4. 对外开放政策的制定及其实施，使中国的经济发生了巨大变化。

二、请用下列短语造句。

1. 提供样品及其有关资料
2. 资源开发及其利用
3. 环境保护及其综合治理
4. 推销商品及其售后服务

那么

①“那么”可做连词，用来承接上文的假设或前提，引出下文的判断或结果。②“那么”也可做副词，修饰形容词或动词成分，表示程度或方式。

1) It can be used as a conjunction to continue with the preceding supposition or assumption and lead to the judgment or result that follows. 2) It can also be used as an adverb, modifying an adjective or a verbal component, indicating its degree or manner.

一、熟读下列各句，体会“那么”的意义和用法。

1. 如果你们没有诚意，那么，我们只好放弃这笔生意。
2. 假如他们只是嘴上说得好听，实际做的却是另一回事，那么，我们就不应该同他们继续打交道了。
3. 他长得那么高，我总得仰着头同他说话。
4. 他做事那么精明，你还有什么不放心的。
5. 那么你说怎么修改合同吧。
6. 合同条款写得那么具体、明确，还要怎么修改？

二、请用“那么”完成下列句子。

1. 现在贵国的申报手续真像你说的____________________。
2. 时间对季节性商品至关重要，如果赶不上销售季节，______________________________。
3. 既然贵公司每年都因商品包装不善造成很大的经济损失，______________________________。
4. 我一定要学好汉语，我不相信____________________。
5. 海关必须对进出口货物实行监管，这是国际上通行的做法，______________________________。

B

一、请用下列词语组成短语。

申报　依据　实施　出具　标准　关税

证书　维护　细则　利益　降低　手续

二、选用上面的词语完成下列句子。

1. 海关对进出口货物＿＿＿＿＿＿＿，但各国海关如何＿＿＿＿＿＿。
2. 买方希望以＿＿＿＿＿＿＿作为＿＿＿＿＿＿＿＿＿＿＿＿＿＿＿。
3. 海关监管的目的是＿＿＿＿＿＿＿＿＿＿＿＿＿＿＿＿＿＿＿＿＿＿。
4. 各国海关监管的要求不同，所以贸易伙伴必须了解对方国家的＿＿＿＿＿＿＿＿＿＿＿＿＿＿＿＿＿＿＿＿。

三、想一想，谈一谈。

1. 为什么各国海关实施监管时不完全相同？
2. 现在的报关员只需怎么做？
3. 你和你的朋友在进出海关时遇到过麻烦吗？为什么？请讲讲具体过程。
4. 办理出口手续时要注意什么？

四、阅读下面的短文，并回答问题。

请君入瓮

唐朝武则天时，有两个掌刑法的官员叫来俊臣和周兴，在审理案子时，爱用酷刑。一天，有人密告周兴犯法，武则天让来俊臣去审理。来俊臣把周兴请来，一边吃饭喝酒，一边向周兴请教，说："有的罪犯不肯老实交代，有什么好办法让他认罪呢？"周兴说："这个好办。用一口大瓮，让犯人进瓮里，下面烧大火，还怕他不招？"来俊臣说："那就请你现在入瓮吧！"

现实生活中，常能看到这类故事。一个很有钱的商人，喜欢收集古董。一天，他在逛古玩店时，看到一件几百年以前的花瓶，用100万元买下。回家请专家鉴定，却是假的。过了两天，他又去了那家古玩店，对老板说："我上次花100万买的那只花瓶实在太好了，你还有吗？"老板一听，赚大钱的生意又来了，就满脸堆笑说："有，有，我去给你拿。"他随即就拿来两个。富商说："我要10个。"老板说："啊，这么名贵的古董，小店哪有这么多。"富商说："那我就到别的店去看看。"老板连忙拦住说："别，别，我给你准备，三天以后取货。"老板用尽全部家产进了一批货，有真有假，想从中大赚一笔。三天后，富商同一个朋友一起来了。老板高高兴兴搬出10个花瓶。富商说："我上次买的那个花瓶，经专家鉴定是假的，这10个花瓶，说不定也都是假的。现在我全部退货。”跟富商一起来的那个人说：“我是海关的。经调查，你走私文物，贩卖假货，店内商品现在全部封存，等待处理。”“这下完了！”老板一屁股坐在了地上。

1.“请君入瓮”是一种什么方法？
2. 富商用了什么办法来对付古玩店老板？
3. 古玩店老板犯了什么错误？结果如何？
4. 读了这个故事，你有什么感想？

第十三课

信用风险与管理 13

Credit Risk and Its Management

一、信用风险意识

张　祥：小王，我们同罗斯先生有了一些接触，你的印象如何？

王　安：印象良好。

张　祥：哦？具体说说。

王　安：据罗斯先生说，他们公司资金雄厚，买卖做得很大，商业信用很好，是一个大客户。

张　祥：还有呢？

王　安：还有……就是说话真诚坦率。

张　祥：那么，你认为我们可以放心大胆地同他打交道了？

王　安：啊，当然，这个大主意还得经理你来拿啰！

张　祥：你这个小滑头！你去同迪陶商务信用管理公司联系一下，我们要同他们谈一下委托业务。

王　安：经理的意思是说，我们要请他们做资信调查？这可要花不少咨询调查费，值吗？

张　祥：咨询调查费也不过几百美元，我们做的可是几百万美元的生意！

王　安：可是，罗斯先生说……

张　祥：啊，只听客户怎么说，或只凭自己的印象，都是不可靠的。

王　安：我也知道，国际贸易是在没有得到支付的情况下，为外国客商提供产品或服务，这实质上是一种信贷，自然也就存在信用风险。但是……

张　祥：我们也不能无端怀疑客户，是不是？
王　安：是。
张　祥：可是，我们也必须有信用风险意识。国际贸易中的欺诈案件不少，世界各国都有这样的教训，所以都十分重视信用风险评估和管理。我这里有一些资料，你好好儿看看。

二、委托信用调查业务

大　卫：啊，欢迎！请坐！
张　祥：大卫先生，我们是来请你们做一项资信调查的。
大　卫：秘书已经把你们的委托申请书交给我了。
张　祥：我们正在进行一笔国际货物贸易洽谈，对方是一位新客户，除了一些信函往来和初步接触外，我们对对方几乎不了解。
大　卫：信用管理通常包括信用调查、信用监控和逾期账款追收三个环节。信用调查应该是成交的前提。
张　祥：我明白。不只是新客户，就是老客户的情况，也不是一成不变的。
大　卫：是的。老客户也可能经营不善，资金周转不灵，甚至破产倒闭，或人事变动，企业经营策略发生重大变化。这些都可能带来信用风险。
张　祥：所以我们公司从一开始就建立了客户档案。但是，现在的业务发展很快，需要掌握的信息量很大，我们只能求助于专业信用咨询和管理公司。
大　卫：现在，全球的专业公司已经实现资信调查国际网络化和标准化，有完备的数据库，可以及时满足客户的各种要求。
张　祥：那么，我们可以得到哪些信息呢？
大　卫：首先是公司存在的真实性，比如买方提供的公司名称、地址、电话、传真、网址是否真实，公司是否登记、注册。

张　祥：有过这样的案例，当你发现货款两失，准备起诉时，对方已是人去楼空。原来，跟你做生意的那家公司根本不存在。

大　卫：哈，这就是所谓的皮包公司。

张　祥：赚了钱，夹着皮包就溜了，你上哪儿找他去！

大　卫：当然，更重要的是，我们要详细了解买方的付款记录和公共记录。

张　祥：是的。作为卖方，最关心的自然是能不能及时、安全收回货款。

大　卫：有的公司，有足够的偿还能力，可以及时支付货款，而且确实及时支付了。有这样的记录，说明公司商业信誉好。

张　祥：跟这样的公司打交道，就可以比较放心。

大　卫：一般来说，这样的公司不会无故迟付或拒付货款。

张　祥：你说的公共记录，是不是指公司的法律记录和抵押记录？

大　卫：是。你通过这些记录，可以了解这家公司是否被起诉过，起诉的原因是什么，判决结果如何；公司的资产是否抵押，抵押给谁了。

张　祥：嗯，掌握这些情况很重要，可以预防潜在的风险。

大　卫：当然，正式的资信调查报告内容还包括公司的历史、股东和经营者情况、经营状况、资产和债务、往来银行及信用、财务状况，等等。

张　祥：这太好了。那么，什么时候能给我们这个报告呢？

大　卫：你们这是办普通件，还是加急件？

张　祥：因为客人在中国逗留的时间不长，希望尽快签订合同，最好能在一个星期内把报告给我们。

大　卫：没问题。我们需要签一份《企业资信调查委托书》。

张　祥：费用呢？

大　卫：委托书上有这一项。

张　祥：好的。请把委托书给我！

生 词

1. 信用	xìnyòng	credit
2. 意识	yìshí	awareness
3. 雄厚	xiónghòu	ample, abundant
4. 大胆	dàdǎn	bold
5. 滑头	huátóu	slicker, slippery fellow
6. 资信	zīxìn	commercial credibility
7. 咨询	zīxún	to consult
8. 实质	shízhì	essence
9. 信贷	xìndài	credit
10. 存在	cúnzài	to exist
11. 无端	wúduān	for no reason
12. 怀疑	huáiyí	to suspect
13. 欺诈	qīzhà	to defraud
14. 案件	ànjiàn	case
15. 评估	pínggū	to assess, to evaluate
16. 监控	jiānkòng	to monitor and control
17. 账款	zhàng kuǎn	funds on account
18. 追收	zhuī shōu	to demand payment
19. 环节	huánjié	link
20. 前提	qiántí	prerequisite
21. 一成不变	yìchéng-búbiàn	invariable, unalterable
22. 破产	pòchǎn	to go bankrupt
23. 人事	rénshì	personnel matters
24. 变动	biàndòng	to change
25. 策略	cèlüè	tactics, strategy
26. 档案	dàng'àn	file, record
27. 掌握	zhǎngwò	to grasp, to master, to know well
28. 求助	qiúzhù	to turn to somebody for help, to resort to

29. 实现	shíxiàn	to realize
30. 网络	wǎngluò	network
31. 完备	wánbèi	complete, perfect
32. 数据库	shùjùkù	databank
33. 真实	zhēnshí	real, genuine
34. 名称	míngchēng	name
35. 网址	wǎngzhǐ	website
36. 注册	zhùcè	to register
37. 案例	ànlì	case
38. 起诉	qǐsù	to prosecute, to bring a suit against somebody
39. 皮包	píbāo	briefcase
40. 夹	jiā	to place in between, to place under the arm
41. 溜	liū	to sneak off, to slip away
42. 记录	jìlù	record
43. 偿还	chánghuán	to pay back
44. 无故	wúgù	without reason
45. 法律	fǎlü	law
46. 抵押	dǐyā	to pledge, to mortgage
47. 判决	pànjué	to sentence
48. 资产	zīchǎn	assets
49. 预防	yùfáng	to guard against
50. 内容	nèiróng	content
51. 股东	gǔdōng	shareholder
52. 债务	zhàiwù	debt
53. 财务	cáiwù	financial affairs
54. 报告	bàogào	report
55. 加急	jiājí	urgent
56. 逗留	dòuliú	to stay

练习

A

可 / 可是

"可"，副词，表示强调语气。用在一般陈述句中，有时含有出乎意料的意思；用在祈使句中，强调必须如此，有时有恳切劝导的意思。

"可是"，连词，表示转折，用在主语前。

可 is an adverb for emphasis. When used in a declarative sentence, it sometimes has the meaning of "beyond one's expectation". When used in an imperative sentence, it stresses that it is a must, sometimes indicating sincere advice.

可是 is a conjunction for transition, which is placed before the subject.

一、熟读下列各句，体会"可""可是"的意义和用法。

1. 500 万？这可不是一笔小数。
2. 你同皮包公司打交道，这个风险可就太大了！
3. 你可要加强风险管理意识！
4. 你说话可要算数！
5. 他平时说话的声音不高，可是大家都怕他。
6. 这笔生意利润不大，可是风险不小。
7. 他接受了我们的委托，可是不为我们干事。
8. 他费尽了心血，可是最终还是破产了。

二、请用"可"或"可是"和下列短语造句。

资信调查　无端怀疑　资金雄厚　一成不变　潜在风险

所谓

形容词，意思是"通常所说的"，多用于提出需要解释的词语，接着加以解释。"所谓"还常用于引述别人的话，所引的话大多加上引号，含有"讽刺、不同意"的意思。

It is an adjective, meaning "what is usually called (or known as)". It is often used together with a word or expression that needs explanation, followed by the explanation. It is also often used to quote others, with the quoted part placed in quotation marks. It has the implication of irony or disagreement.

一、熟读下列各句，体会“所谓”的意义和用法。

1. 所谓“卖方市场”，就是卖方起支配作用的市场。
2. 所谓“信用”，是指能够履行自己的承诺从而取得的信任。
3. 他所谓的“成功”，其实是很值得怀疑的。
4. 如今所谓的“时髦”东西，早在20年前就已经流行过了。
5. 难道这就是所谓的“亲密合作”？
6. 她所谓的“理想”，其实只是一种梦想。

二、请用“所谓”和下列词语或短语造句。

皮包公司　加急件　欺诈案件　破产　监控

尽快

副词。“尽”修饰单音节形容词，如“快”“早”等，表示尽力达到某种状态。

It is an adverb. 尽 modifies such monosyllabic adjectives as 快 or 早, expressing the idea of “doing one’s utmost to reach a certain state”.

一、熟读下列各句，体会“尽快”的意义和用法。

1. 我们尽快办好这件事。
2. 我们应该尽快占领市场。
3. 请你尽快拿出一个方案来。
4. 请你们尽快找到债务人。

二、请用“尽快”和下列短语造句。

1. 逾期账款
2. 改进包装、装潢
3. 掌握信息
4. 简化手续
5. 取得详细资料

B

一、请用下列词语组成短语。

存在　监控　支付　风险　调查　偿还

信用　货款　资信　债务　评估　抵押

二、请用括号中的词语完成下列句子。

1. 据我们了解，贵公司资金雄厚＿＿＿＿＿＿＿＿＿＿＿＿＿＿。（信用）
2. 信用调查是成交的前提。信用管理通常包括＿＿＿＿＿＿＿＿。（环节）
3. 及时掌握变化的情况，＿＿＿＿＿＿＿＿＿＿＿＿＿＿＿＿＿。（预防）
4. 跟贸易伙伴打交道，不能仅凭对方的自我介绍和得到的印象，＿＿＿＿＿＿＿＿＿＿＿＿＿＿＿＿＿＿＿＿＿＿＿＿＿＿＿＿＿。（资信）
5. 任何时候，作为卖方，最关心的是＿＿＿＿＿＿＿＿＿＿＿＿＿。（货款）
6. 现在全球专业信用咨询和管理公司，已经＿＿＿＿＿＿＿＿＿。（完备）
7. 现在国际市场瞬息万变，为了掌握市场行情，及时制定经营策略＿＿＿＿＿＿＿＿＿＿＿＿＿＿＿＿＿＿。（信息）
8. 在国际贸易中必须有信用风险意识，一来是市场变化快，竞争激烈；二来是国际贸易中期诈案件不少，所以都＿＿＿＿＿＿＿＿＿。（评估）

三、想一想，谈一谈。

1. 为什么在国际贸易中越来越重视信用风险评估和管理？
2. 全球化的专业信用咨询和管理公司有什么样的现代化服务？可以给客户提供哪些信息？
3. 什么样的公司是商业信誉好的公司？
4. 公共记录指什么？

四、阅读下面的短文，然后回答问题。

精心设计的“陷阱”

公司招聘人才，是件非常严肃的事，但考官们有时也会别出心裁，用一些幽默、机智的方法，让应聘者原形毕露。

一天，某公司的人才招聘会正在进行。一个男青年走到考官面前。考官说："先生，您进门前是否已经在小垫子上把您的鞋底擦干净了？"青年说："那当然！我仔细地擦过了，先生！""您肯定？""考官先生，这是一分钟以前的事，我会忘吗？""啊，对不起，看来是我忘了，门口根本就没有小垫子。"

接着一位小姐走了进来。考官问了她许多问题，突然惊讶地叫起来："小姐，我在英国伦敦见过你，你那时在一个大型商务研讨会上做演讲，十分精彩，给我留下了很深的印象，怪不得一见到你就觉得有些面熟！你来我们公司工作，我们十分欢迎！"小姐迟疑了一下，说："先生，您认错人了。""不，绝对不会，我的记性一向很好。""先生，您确实认错人了，我至今还没有到过英国。"考官满意地笑笑，说："谢谢！"

招聘考试结束了，男青年落选，小姐被录用。

1. 男青年为什么没有被录用？
2. 小姐在回答考官的话以前，为什么"迟疑了一下"？她为什么被录用了？
3. 考官精心设置的"陷阱"，是为了考察应聘者哪方面的素质？
4. 你赞成考官精心设置"陷阱"的做法吗？为什么？

第十四课

14 签订合同

Signing the Contract

一、磋商合同条款

陈其然：史密斯先生，我们经过几轮友好洽谈，已经达成一致协议。你看现在是不是可以来具体磋商合同文本了？

史密斯：可以。有前几轮谈判做基础，合同的书面文字好写，我们都不是生意场上的新手，对吧？

陈其然：我们已经领教了，史密斯先生确实是个精明、老练的行家，谈判高手！

史密斯：哦？谈判中我是不是有什么地方失礼或者冒犯先生了？

陈其然：哪里，哪里，我是真心敬佩史密斯先生！

史密斯：陈先生过奖了！

陈其然：为了便于磋商，我们根据洽谈，草拟了一份合同文本，请史密斯先生仔细看看。

史密斯：很好。我想约首和约尾都不会有什么问题，主要是合同正文和附件，需要仔细看看。

陈其然：当然，当然。合同是一种规定双方权利与义务的契约，我们谁都不会当作儿戏。

史密斯：你说得很对。我们双方都是真诚、坦率的，我们谁都不会有意忽略或遗漏什么，为以后不履行合同留下任何借口。

陈其然：我很欣赏史密斯先生的这个态度。

史密斯：那就让我带回去好好儿琢磨琢磨，我们明天再谈。

二、审核与修改合同

陈其然：史密斯先生，合同看得怎么样了？还有什么需要补充或进一步明确的吗？

史密斯：我逐项审核了合同条款，与我们的谈判内容完全相符，术语使用准确，表述简明，总体上我是满意的。

陈其然：这么说，事情就可能简单多了。

史密斯：是的。我完全同意关于装运和唛头的条款，对商品质量检验和罚款条件，也没有异议。

陈其然：其他条款呢？

史密斯：我想，在装运日期后面，是不是应该再强调一下，“卖方如不按期交货，买方有权提出索赔”？

陈其然：可以。不过，我们这批货是按 F.O.B. 价格成交的，是否也应该明确写上“买方未能如期派船受载，则买方须承担对卖方所造成的损失”？

史密斯：好，这样公平合理，都写上吧。嗯，关于商品品质这一条，合同上写的是 F.A.Q.，是否改为 G.M.Q. 呢？

陈其然：史密斯先生，我们认为用 F.A.Q. 比较好，这是良好平均质，合同书上已经写明了具体的规格要求，而 G.M.Q. 是“品质上好，适于商销”，这种品质概念含糊不清，容易发生争执，我们建议不要采用这种品质条件。

史密斯：好，我们同意，那就不要修改了。将来，我们就按 F.A.Q. 品质条件交货与验收。

陈其然：史密斯先生，如果对合同及其附件没有什么异议和补充，我们就带回去修改一下，明天正式签字吧。

史密斯：没有了，明天签字时再见。

三、双方签字

陈其然：史密斯先生，合同及其附件一式两份，一份用中文书写，一份用英文书写，我们都准备好了，昨天会谈时提出的问题，也都一一做了修改、补充，请你们再看一看，如没问题，我们就可以签字了。

史密斯：好的。让我看看。嗯，这是一份非常具体、明确而又完善的合同，避免了任何含糊不清和令人费解的词句，我非常满意，这是我们顺利圆满执行合同的良好基础。

陈其然：这也是我们之间友好合作的良好开端。希望今后能继续合作。

史密斯：长期合作！

陈其然：好，我们签字吧。

生词

1. 轮	lún	round
2. 达成	dáchéng	to reach
3. 协议	xiéyì	agreement
4. 文本	wénběn	text, version
5. 基础	jīchǔ	basis, foundation
6. 书面	shūmiàn	written
7. 文字	wénzì	writing
8. 新手	xīnshǒu	green hand
9. 领教	lǐngjiào	to experience, to encounter
10. 老练	lǎoliàn	experienced
11. 高手	gāoshǒu	master hand
12. 失礼	shīlǐ	to commit a breach of etiquette
13. 冒犯	màofàn	to offend

14. 敬佩	jìngpèi	to admire, to esteem
15. 过奖	guòjiǎng	to overpraise
16. 草拟	cǎonǐ	to draft, to draw up
17. 约首	yuē shǒu	beginning part of the contract
18. 约尾	yuē wěi	ending part of the contract
19. 正文	zhèngwén	main body, text
20. 附件	fùjiàn	appendix
21. 契约	qìyuē	contract, deed
22. 儿戏	érxì	trifling matter
23. 遗漏	yílòu	to omit, to leave out
24. 借口	jièkǒu	excuse
25. 琢磨	zuómo	to ponder, to turn over in one's mind
26. 补充	bǔchong	to add, to replenish
27. 逐项	zhú xiàng	item by item
28. 术语	shùyǔ	technical term, terminology
29. 表述	biǎoshù	to state, to explain
30. 简明	jiǎnmíng	concise and clear
31. 总体上	zǒngtǐ shang	on the whole
32. 唛头	màitóu	shipping mark
33. 罚款	fákuǎn	to fine
34. 强调	qiángdiào	to emphasize
35. 概念	gàiniàn	concept, idea
36. 含糊	hánhu	ambiguous
37. 争执	zhēngzhí	to dispute
38. 修改	xiūgǎi	to revise
39. 验收	yànshōu	to check and accept
40. 正式	zhèngshì	formal
41. 签字	qiānzì	to sign
42. 书写	shūxiě	to write
43. 完善	wánshàn	perfect
44. 费解	fèijiě	incomprehensible, hard to understand
45. 圆满	yuánmǎn	satisfactory, complete
46. 执行	zhíxíng	to execute
47. 开端	kāiduān	beginning

练 习

A

轮

①动词，表示一个接替一个做某一动作。可带“着、了、过”，还可带动量词。②可做量词，多用来说循环的事物或动作。

1) Verb: take turns to do something one after another. It can be followed by 着, 了, 过, or a measure word for actions. 2) It can be used as a measure word for cyclic things or actions.

一、熟读下列各句，体会“轮”的意义和用法。

1. 今天该轮到我值班了。
2. 现在大家都轮过几遍了。
3. 几轮下来，他已经输光了。
4. 这是本赛季第六轮的一场比赛。
5. 这样的好事哪里轮得着我！
6. 下一轮谈判，可能很困难。
7. 我们同对手已经有了几轮较量，还没分出高下。
8. 下一次兴许就轮上你了。

二、请用“轮”和下列词语造句。

磋商　　补充　　罚款　　验收

逐

表示“依次、挨个儿”的意思。它总是与数词“一”或“个”“项”“件”“次”等量词连用，表示动作依次进行，并含有细致谨慎的意思；“逐”还常与“年”“月”“日”连用，表示状态随着时间的推移而变化。

It means in proper order, and successively. It is always used together with the numeral 一, or such measure words as 个, 项, 件 or 次, to indicate that only one thing is dealt with or happens at a particular time. It also implies the meaning of being careful and cautious. 逐 is also often used together with 年, 月, or 日, to express that the circumstances change as the time passes.

一、熟读下列各句，体会“逐”的意义和用法。

1. 他逐个检验产品质量。
2. 双方对合同条款逐一进行磋商。
3. 公司的新职员逐字逐句阅读公司文件。
4. 本公司的营业额和利润都在逐年增加。

二、熟读下列词语，然后各造一个句子。

逐一　逐个　逐条　逐字逐句　逐步　逐月　逐项

总体

①若干个体所合成的事物。②整体。

1) What is formed by combining different individuals. 2) Entirety.

一、熟读下列短语，体会它们的意义和结构。

总体规划　总体设计　总体安排　总体上考虑
总体上看　总体上说　总体上着眼

二、完成下列句子。

1. 这批合资项目的总体规划____________________。
2. 从总体上来看，我们这次来中国洽谈生意____________________。
3. 贸易代表团在华访问的日程安排，总体上____________________。
4. 贵公司承包修建的这座贸易中心大楼，总体设计____________________。
5. 在洽谈和签订合同的过程中，不仅要从总体上____，而且____________________。

一一

副词，是“逐一”“逐个”的意思，表示动作挨个儿施于对象。

Adverb: one by one; one after another. It expresses that the actions are performed in turn on the object.

一、熟读下列各句，体会“一一”的意义和用法。

1. 推销员把商品一一送到顾客家里。

2. 保险法十分复杂，我不能一一给你解释。
3. 这些罐头的味道都很不错，我都一一尝过了。
4. 这份合同的条款，他都一一研究过了。

二、请用“一一”改写下列句子。

1. 洽谈双方逐条逐款地对合同进行了磋商。
2. 我们无法一个罐头一个罐头地去检查这批货的质量。
3. 这个商品博览会实在太丰富了，我没法看完展厅的所有商品。
4. 这条食品街有各地风味小吃，我几乎尝了个遍。

令人

常同动词、形容词或词组构成兼语式短语，充当句子的谓语。

Make one...; cause one.... It often forms a pivotal phrase together with a verb, an adjective or a phrase and functions as the predicate of a sentence.

一、熟读下列短语，体会它们的意义和结构。

令人费解	令人头疼	令人吃惊	令人扫兴
令人遗憾	令人佩服	令人兴奋	令人困惑
令人烦恼	令人起敬	令人担心	令人难忘

二、选择上面的短语填空。

1. 这次来华洽谈生意进行得如此顺利，真________________。
2. 贵公司如此合作，________________________。
3. 目前国际市场动荡不安，公司不景气，________________。
4. 你方采取这样的态度，________________________。
5. 贵国的服务________________，我们一定会常常谈起的。
6. 坦率地说，每个人都会有__________的事，朋友之间要互相帮助。
7. 合同迟迟不能签字，实在________________________。
8. 贵公司的工作效率如此之高，____________________。
9. 贵公司一贯严格履行合同，________________________。
10. 今年我们十分希望增加名牌产品的订货量，贵公司一再拒绝，________________________。

B

一、请用下列词语组成短语。

审核　条款　合同　内容　草拟　争执

异议　正式　补充　产生　修改　签字

二、请用括号里的词语完成句子。

1. 我们草拟的这份合同，________________。（完善）
2. 我方对合同草案的主要内容________________。（异议）
3. 合同的每一个细节都很重要，否则________________。（争执）
4. 对合同的附件，贵方有没有________________？（补充）
5. 合同与附件都要写得具体明确，________________。（避免）
6. 合同规定的义务和权利，对双方________________。（公平合理）
7. ________________，另一方有权要求赔偿经济损失。（履行）
8. 如果双方对合同都没有异议，________________。（签字）
9. 经过双方的共同努力，合同谈判________________。（圆满）
10. 合同的签订是________________（基础），也是________________。（开端）

三、想一想，谈一谈。

1. 一份好的合同必须具备哪些条件？
2. 签订合同作为洽谈的最后阶段，还可能遇到什么麻烦？
3. 你签过合同吗？请谈谈你的经验和当时的心情。

四、阅读下面的短文，并回答问题。

不留后患

甲公司（某中国公司）和乙公司（某外国公司）洽谈一项价值几百万美元的机械进出口合同。合同文本是乙公司草拟的。合同中关于仲裁的条款是这样写的：“凡因执行本合同所发生的或与本合同有关的一切争议，如双方协商不能解决，或者提交中国国际经济贸易仲裁委员会仲裁，或者提交第三国国家仲裁院仲裁。”甲公司认为，这项条款内容含糊，容易引起争议，如果一方对仲裁地点和仲裁法有异议，就无法申请仲裁。所以，甲公司提出修改这一条款。经磋商，双方一致达成协议，最后这样规定："凡因执行本合同所发生的与本合同有关的一切争议，如双方协商不能解决，应提交中国国际经济贸易仲裁委员会根据该会仲裁规则进行仲裁。仲裁裁决是终局的，对双方均有约束力。"这个修改具体、明确，甲乙双方都感到满意。这样，合同就顺利签字了。

1. 甲乙双方在修改合同时遇到了什么问题？
2. 合同草稿和定稿中的仲裁条款有什么不同？
3. 甲乙双方协商过程顺利吗？协商结果对哪一方更有利？

第十五课

追　账 15

Demanding Payment of a Debt

一、追账委托

许天木：马先生，一家外国公司拖欠了我们一笔货款，我们多次催收，都无结果，只好请你们帮忙了。

马千里：我们是专业追账公司，十分乐意为你们提供服务。

许天木：希望你们能帮助我们尽快把这笔欠款收回来。

马千里：你们的焦急心情，我们能够理解。现在，国际贸易中拖欠货款的现象越来越普遍，越来越严重，我们公司每天都会接到债权人的讨债申请。

许天木：我们现在很困难，要是再过一两个月收不回这笔货款，我们公司就很难维持正常经营了。

马千里：我们会尽最大努力的。请说说情况吧！

许天木：我带来了我们双方签订的合同。

马千里：很好。我们首先需要知道债务人公司的名称、地址、电话、联系人等一些最基本的情况。

许天木：我们做过资信调查，这些情况都是真实的。

马千里：你们签订合同时是真实的，现在的情况就不一定了。

许天木：马先生是说，这家公司现在倒闭了？

马千里：啊，我不是这个意思。我的意思是说，这个公司现在的情况怎么样，是我们追账前必须调查的内容。

许天木：我明白。我们有的公司吃过这个亏，追账时才发现，不是债务人公司经营不好，无力偿还货款，就是破产倒闭；不是恶意搬迁，就是销声匿迹。

马千里：这样的事经常发生，不足为奇！

许天木：马先生还需要我们提供什么情况？

马千里：有关证明债权成立的必要文件，除了合同外，比如发票、信用证、提单、往来信函等。

许天木：好的，我随后就派人送来。

马千里：许先生，债务人欠你们多少货款？

许天木：400万美元。

马千里：哦，这可是一笔巨额货款！拖欠多久了？

许天木：快三年了。

马千里：快三年了？这么长的时间，你们没有采取有效的追账行动？

许天木：我们做过各种努力，甚至迫使对方签署过《付款备忘录》，可是债务人仍以种种理由拒绝付款。

马千里：这种备忘录，对跨国债务来说，往往是一纸空文。

许天木：说的也是，我们对跨国债务能有什么好办法呢？

马千里：你们在三年的时间里没有找过专业追账公司吗？

许天木：没有。

马千里：这就很遗憾了。现在全世界有60%的国际商务欠款是由专业追账公司处理的。

许天木：那些债权人是什么时候提出申请的呢？

马千里：一般来说，应收账款过期60天，债权人就应该进行追账前调查；超过90天，就应该立即请专业追账公司追账。

许天木：那么，我们现在申请是不是太晚了？

马千里：根据全球追账数据统计，一笔应收账款如果超过了240天，收回的几率就只有50%了。

许天木：那我们的损失就太惨重了！

马千里：许先生不要着急，我们立即采取行动，请你们密切配合！

许天木：一定！一定！

二、接触债务人

大　卫：汉斯先生，见到你真不容易！
汉　斯：啊，我很忙！听秘书说，你有重要事情要见我，什么事？
大　卫：我得先自我介绍一下，我叫大卫·格林。
汉　斯：我们在什么地方见过面吗？
大　卫：没有。我是受人之托来拜访你。
汉　斯：谁？
大　卫：中国的一家贸易公司，这是我的《授权证明书》。
汉　斯：哦，你是亚洲国际保理公司的追账主管。我不记得我与你的委托人有什么债务关系啊。
大　卫：哦？这可是400万美元的债务，汉斯先生忘了？
汉　斯：嗯……
大　卫：要不要我把合同、发票和你们的付款记录给你看看？
汉　斯：哦，这样吧，我让有关部门查一查，再给你一个答复，怎么样？
大　卫：什么时候给我答复？
汉　斯：尽快吧！
大　卫：汉斯先生，这笔账款已经拖欠近三年了，不能再拖了。
汉　斯：那是！那是！
大　卫：我们希望能圆满了结这笔债务。欠债不还的后果，你是知道的。
汉　斯：当然。天天有人上门讨债，日子也不好过，是不是？

三、进展报告

马千里：许先生，我今天请你来，是要通报一下追账的进展情况。
许天木：有好消息了？
马千里：我们与债务人接触了几次，说明欠债不还可能带来的严重后果，给他巨大的信誉压力，劝说他清偿欠款。

许天木：有效果吗？

马千里：没有。随后，我们用电话、传真、欠资邮件和专业收款人员上门等多种方式，进行了“轰炸式”催款，让他日夜不得安宁。

许天木：结果怎么样？

马千里：看来，我们是碰到一位“要钱没有，要命有一条”的角色了！

许天木：后来呢？

马千里：在采取持续不断催讨行动的同时，我们进行了大量周密调查，发现这家公司负债累累，已经临近宣告破产了。

许天木：在他们宣告破产之前，我们能上诉法院，取得债务人资产的处置权吗？

马千里：晚了。债务公司已经接到多家针对它的法院裁决，有两家债权人公司已经获得债务公司所有资产的占有权。

许天木：我们的400万美元货款就收不回来了？

马千里：我想，我们已经完成对债务人的调查和分析。我们做了我们能做的一切。

许天木：你们不能再做点儿什么吗？

马千里：我们认为，任何进一步针对债务人的行动，都只能是浪费你们的资金。我们不得不遗憾地关闭这个案子。

许天木：看来我们太轻信对方了，现在只能自食苦果了！

生词

1. 拖欠	tuōqiàn	to default, to be behind in payment
2. 催收	cuīshōu	to press for payment of a debt
3. 尽快	jǐnkuài	as soon as possible
4. 焦急	jiāojí	anxious
5. 债权人	zhàiquánrén	creditor

6. 讨债	tǎozhài	to demand payment of a debt
7. 维持	wéichí	to keep, to maintain
8. 债务人	zhàiwùrén	debtor
9. 恶意	èyì	evil intention
10. 搬迁	bānqiān	to move
11. 销声匿迹	xiāoshēng-nìjì	to keep silent and lie low, to disappear from the scene
12. 不足为奇	bùzúwéiqí	not at all surprising
13. 成立	chénglì	to establish
14. 随后	suíhòu	later, subsequently
15. 行动	xíngdòng	action
16. 迫使	pòshǐ	to force, to compel
17. 签署	qiānshǔ	to sign
18. 备忘录	bèiwànglù	memorandum
19. 理由	lǐyóu	reason
20. 跨国	kuà guó	transnational
21. 一纸空文	yìzhǐ-kōngwén	a mere scrap of paper
22. 欠款	qiànkuǎn	money owing to somebody else, balance due
23. 统计	tǒngjì	to add up
24. 几率	jīlǜ	probability
25. 惨重	cǎnzhòng	heavy, disastrous
26. 配合	pèihé	to cooperate
27. 拜访	bàifǎng	to pay a visit, to call on
28. 授权	shòuquán	to authorize
29. 保理	bǎo lǐ	factoring
30. 主管	zhǔguǎn	person in charge
31. 答复	dáfù	answer; to reply
32. 了结	liǎojié	to finish, to settle
33. 后果	hòuguǒ	consequence, result
34. 进展	jìnzhǎn	to progress
35. 通报	tōngbào	to notify, to report
36. 劝说	quànshuō	to try to persuade
37. 清偿	qīngcháng	to pay off, to clear off
38. 邮件	yóujiàn	mail

39. 轰炸	hōngzhà	to bomb
40. 安宁	ānníng	peaceful, tranquil
41. 角色	juésè	role
42. 周密	zhōumì	thorough, careful
43. 负债累累	fùzhài lěilěi	to be heavily in debt
44. 临近	línjìn	to close to
45. 宣告	xuāngào	to declare
46. 上诉	shàngsù	to appeal
47. 法院	fǎyuàn	law court
48. 处置	chǔzhì	to handle, to manage
49. 裁决	cáijué	to rule, to adjudicate
50. 获得	huòdé	to obtain
51. 占有	zhànyǒu	to possess, to occupy
52. 分析	fēnxī	to analyze
53. 浪费	làngfèi	to waste
54. 关闭	guānbì	to close
55. 案子	ànzi	case
56. 轻信	qīngxìn	to be credulous, to believe readily
57. 自食苦果	zìshí kǔguǒ	to eat one's own bitter fruit

专 名 Proper Noun

亚洲	Yàzhōu	Asia

练 习

A

不是……就是……

在这种"不是 A 就是 B"的格式中，A、B 为同类名词、动词、形容词，也常常是小句，表示两项中必有一项是事实。

In this pattern of "不是 A 就是 B", A and B can be nouns, verbs or adjectives of the same category, or clauses. It indicates that of the two items, one must be true.

一、熟读下列各句，体会“不是……就是……”的意义和用法。

1. 不是你去就是我去。
2. 他们公司不是缺资金就是缺技术。
3. 皮包公司不是设计骗人，就是赖账逃债。
4. 今天出席会议的不是政府要员就是大企业家。

二、请用“不是……就是……”和下列词语或短语造句。

1. 拒绝　接受
2. 借钱还债　财产抵押
3. 缺斤短两　质量不合格
4. 前进　后退

随后

副词，表示一件事情紧跟着另一件事情发生。

It is an adverb, indicating that one thing happens immediately after another.

一、熟读下列各句，体会“随后”的意义和用法。

1. 你先去，我随后就到。
2. 会计先分析了公司的财务状况，经理随后做了补充。
3. 我开头还以为他在开玩笑，随后就知道他是认真的。
4. 他得到了银行贷款，随后就销声匿迹了。

二、请用“随后”完成下列句子。

1. 他开车违反了交通规则，________________。
2. 我公司先是资金周转不灵，________________。
3. 我们经过几轮友好洽谈，已经达成一致协议，________________。
4. 人们买东西往往先被新颖、独到的外包装吸引，________________。
5. 饭店服务员热情地请客人坐下，________________。

说的是

认为对方说得对，表示同意对方的话。

It shows agreement, indicating that what the other party said was right.

一、熟读下列各句，体会“说的是”的意义和用法。

1. 说的是，我怎么早没想到找追账公司呢？

2. 说的也是，我早该知足了！

3. 你说的也是，我去找经理！

二、请用“说的是”完成下列句子。

1. ____________，让有关部门查一查，尽快给你一个答复。

2. ____________，我们应该立即采取行动，请你们密切配合。

3. ____________，天天有人上门讨债，日子也不好过。

4. ____________，如果商品是一流质量，二流包装，三流价格，在市场上就没有竞争力了。

B

一、熟读下列词语，解释其意义，然后各造一个句子。

一纸空文　自食苦果　销声匿迹　负债累累

了如指掌　不足为奇　万事如意　准确无误

二、请用下列词语组成短语。

资产　经营　清偿　处置　欠款　货款　破产

临近　损失　拖欠　催收　债务　惨重　维持

三、选用上面的词语完成下列句子。

1. 现在国际贸易中，________________________________。

2. 如果这笔巨款不能________________________________。

3. 现在我们公司资金周转不灵，________________________。

4. 昨天已经接到法院裁决，我们可以____________________。

5. 我公司已完成对债权人的调查和分析，________________。

四、想一想，谈一谈。

1. 请你用所学的词语，设计一个“追账”与“拒付欠款”的情景。

2. 请专业追账公司追账要提供哪些资料？

3. 为什么现在出现了专业追账公司？你知道什么叫“三角债”吗？

4. 中国有句俗话：“站着借钱，跪着要钱。”意思是借钱容易要钱难，你能谈谈你的看法与体会吗？

五、阅读下面的短文，并回答问题。

躲过了初一，躲不过十五

A公司是一家皮包公司，打一枪换一个地方。这天，A公司搬进一个新的办公室，电话线都还没有接通，秘书见王先生走进来，立即拿起电话。装模作样地说起来：“喂，张总吗？贵公司欠我们的300万货款，什么时候跟我们结清啊？什么，这一两天就可以？你这话可说过不止一次了，今天推明天，这月推下月，总得还吧？当然还？今天先付50万？不行！至少100万，我们现在有急用。人家也欠了你们的？那我们不管，实话告诉你吧，我们老板已经去你那儿了，你不付款，老板就吃住在你那儿了。”

啪！秘书放下电话，连忙笑着说：“啊，王总您来啦，快请坐，我给您倒茶去！”“不用了，我是来要钱的，给了我就走。”“哎呀，王总，您也听见了，我们也是一时周转不开，我正在催款呢！我们老板……”“老板又不在公司是吧？我刚才在路上碰上他，他说钱已经准备好，就放在保险箱里，叫你给我。”“你自己看吧，这屋里有没有保险箱！”王先生扫了一眼，屋子空荡荡的，除了秘书坐的这张桌子，别无一物。王先生正疑惑，又进来几个人，其中一个人问秘书：“我们是法院的，你们老板呢？”“他不在。”“去哪儿了？”“不知道。他刚租了这间屋子，连电话都没有装，我也是他临时雇的。”王先生说：“可你刚才还在打电话？”“那是老板教我这样做给催账人看的。”王先生一听，急了，对法院的人说：“同志，这怎么办？他跑了，还欠我50多万货款呢！”“他不止拖欠你一家货款，法院早就做了判决，但他至今拒不执行，我们就是来强制执行的，没想到今天我们又扑了一个空。不过他躲过了初一，躲不过十五！”

1. 什么叫“皮包公司”？
2. 张总经理真的欠了A公司300万货款吗？
3. 什么叫强制执行？什么情况下法院才采取强制执行措施？
4. “躲过了初一，躲不过十五”是什么意思？

第十六课

16 索赔与仲裁

Claim and Arbitration

一、质量不合格

史密斯：陈先生，我很遗憾地通知你，贵方这次出口的瓶装啤酒有10%质量不合格。我们不得不要求索赔。

陈其然：这次出口的瓶装啤酒是我国的名牌产品，在国际上有良好的声誉。我们在洽谈时，是按惯例凭牌号商标成交的，所以我们对商品质量是有信心的，你们对此也是信得过的，怎么会出现你说的问题呢？

玛　丽：我们已请商检部门仔细检验过了，确实有10%的质量不合格，可能是更换包装瓶造成的。

陈其然：我们在合同中同意你方有商品复检权，但必须是我方认可的公证机构。请问，有他们出具的检验证书吗？

玛　丽：有的，这就是。

陈其然：好，我们拿回去研究一下，再给你们答复。如果情况属实，我们理应赔偿。

二、货物短量

陈其然：史密斯先生，我们向贵方订购的化肥实际重量与合同不符，我们不能按合同付款。

史密斯：我们在合同的数量条款中，有溢短装幅度，货物重量短缺是允许的。
陈其然：但是，短缺数量远远超过了合同规定的8%的幅度。
玛　丽：怎么会？不会是你们弄错了吧？
陈其然：没有。我国的商品检验局报告指明，贵方化肥包装有两种：一种每袋100公斤，一种每袋120公斤。数量短缺，可能是装运和计算失误造成的。
史密斯：好，请把贵国商检局出具的重量证明书给我看看。嗯，确实是我们出了差错。我对此深表遗憾，我方接受索赔。
陈其然：没关系，千里马也有失蹄的时候，史密斯先生不必介意。

三、商品损坏与灭失

史密斯：陈先生，我们向贵公司订购的瓷器，经检验，破损严重，我很遗憾，不得不向贵方提出索赔。
陈其然：史密斯先生，在查明破损原因以前，我方不能受理索赔，因为造成破损有多种原因。我们这笔生意，是按F.O.B.价格成交的，倘是交货装运前造成的，没有话说。如果是运输途中出的问题，按照合同中有关风险转移的规定，责任就不在我们了。
玛　丽：检验证明，破损原因确实是贵方造成的，请陈先生看看。
陈其然：好的。嗯，很遗憾，破损是因包装不善、装卸不慎造成的，责任的确在我方，我们接受索赔。不过，瓷器是易碎物品，按合同我们可有1%~2%的破损，索赔应考虑到这一点。
史密斯：陈先生的要求是合理的，我们可以接受。为了今后的业务关系，我方索赔也可做相应让步，所赔款项可用贵方产品冲销。
陈其然：好，谢谢。

四、争议的调解与仲裁

陈其然：史密斯先生，合同453号货款已经拖延两个多月，无法议付，交涉多次都无结果，看来，我们只能提交仲裁了。

史密斯：货款不能议付，责任不在我们。

陈其然：责任怎么不在你方？是你们开立的信用证条款错误。

玛　丽：不。合同规定，凭样货，邯郸椒干，F.O.B.天津新港，总价75万美元，每袋20～25公斤，信用证付款。我们按时开了信用证，并派船接货受载，我们是严格履行了合同的。

陈其然：史密斯先生不应该忘记，你方派来的船太小，船位容积不够，要求我们临时把每袋20～25公斤改为小包装，每袋15公斤。你方同时承诺修改信用证的有关条款。当时，我们双方达成了口头协议，但当货物装船启运后，你们却不履行诺言，所以才造成单证不符，无法议付。

史密斯：陈先生，你像是在开玩笑，这样大宗生意，怎么可以用口头协议成交？信用证是按合同开立的。我们要信守合同，怎么可以随便修改？

陈其然：我们说的都是事实，你方的承办人及船方都可做证，史密斯先生怎么可以出尔反尔呢？

史密斯：不是我出尔反尔，是陈先生出言无据。我以为，货款无法议付，根本原因是货物质量与样货不符，是你们没有信守合同。

陈其然：这不是事实。

玛　丽：破碎率大大超出合理的界限。

陈其然：是你方派的船太小，船方强行挤压进舱造成的，责任不在我方。

玛　丽：合同规定是邯郸椒干，但我们收到的货中有相当一部分是山西椒。

陈其然：哦，洽谈中，我们曾经说明，这次订货量大，交货期太短，我们难以组织足够货源按期交货，但你们反复请求我们满足你们的要求。史密斯先生不会忘记吧？

史密斯：是的，我们互相都很体谅对方的困难。

陈其然：所以我们为了顾全双方的合作关系与友谊，才提出用部分山西椒补足的方案。你们当时不仅同意，而且再三表示感谢。

史密斯：是的。但是合同中有约定吗？

陈其然：我们达成过口头协议。

史密斯：很遗憾，你们中国人重感情，我们西方人重理智，我们只能按双方签字的合同办事。

陈其然：看来，我们双方无法协商一致，只好提交仲裁委员会调解与仲裁了。

史密斯：我们同意。

生词

1. 仲裁	zhòngcái	to arbitrate
2. 合格	hégé	up to standard, qualified
3. 通知	tōngzhī	to notify; notice
4. 声誉	shēngyù	reputation
5. 信心	xìnxīn	confidence
6. 更换	gēnghuàn	to change, to replace
7. 必须	bìxū	must, to have to
8. 公证	gōngzhèng	to notarize
9. 属实	shǔshí	to be true
10. 短量	duǎn liàng	short weight
11. 溢短装	yì duǎn zhuāng	more or less (clause)
12. 失误	shīwù	to make a mistake
13. 差错	chācuò	mistake
14. 失蹄	shī tí	to slip
15. 不必	búbì	to need not

16. 介意	jièyì	to take offense, to mind
17. 灭失	mièshī	loss
18. 瓷器	cíqì	porcelain ware
19. 严重	yánzhòng	serious
20. 受理	shòulǐ	to accept and hear a case
21. 倘	tǎng	if, in case
22. 不慎	bú shèn	careless
23. 款项	kuǎnxiàng	sum of money
24. 冲销	chōngxiāo	to offset
25. 调解	tiáojiě	to mediate
26. 拖延	tuōyán	to delay
27. 交涉	jiāoshè	to take up with, to negotiate
28. 样货	yàng huò	sample
29. 椒干	jiāo gān	dried chili
30. 船位	chuánwèi	shipping space
31. 容积	róngjī	volume
32. 临时	línshí	temporary, interim
33. 口头	kǒutóu	oral, verbal
34. 启运	qǐyùn	to start shipment
35. 诺言	nuòyán	promise
36. 信守	xìnshǒu	to abide by
37. 承办	chéngbàn	to undertake
38. 做证	zuòzhèng	to give evidence, to bear witness
39. 出尔反尔	chū'ěr-fǎn'ěr	to go back on one's promise
40. 出言无据	chūyán wú jù	what one said is ungrounded
41. 界限	jièxiàn	limit
42. 强行	qiángxíng	by force
43. 挤压	jǐyā	to squeeze, to press
44. 反复	fǎnfù	repeatedly
45. 体谅	tǐliàng	to show understanding and sympathy for
46. 顾全	gùquán	to show consideration for
47. 方案	fāng'àn	plan
48. 再三	zàisān	time and again
49. 理智	lǐzhì	reasonable, rational

练习

A

是……的

用这个句式来强调已经发生的动作的时间、地点、方式、目的等；也可以强调一种东西的用途、来源。要强调的部分一般放在“是……的”中间，但如果动词有名词充当的宾语，“的”也可以放在宾语前，紧跟在动词后。

This pattern is used to emphasize the time, place, manner or purpose of an action that has already happened. It can also stress the use or origin of a certain thing. The part being emphasized is generally placed between 是 and 的 . But when the verb takes a noun as the object, 的 can also be placed before the object, immediately following the verb.

一、熟读下列各句，体会“是……的”的用法，并指出它所强调的是什么。

1. 我们对贵公司的产品质量是信得过的。
2. 出口商品都是经过贵国检验的，质量上有问题需由你方负责。
3. 我国出具的商品检验证明，是被世界承认的。
4. 货物短量如不超过溢短装幅度，我们是不能接受索赔的。

二、请用“是……的”改写下列句子。

1. 销售不合格的商品有损贵公司信誉。
2. 这是我国过硬的名优产品，质量绝对有把握。
3. 合同条款上有明确规定，不执行不行。
4. 在查明破损原因以前，我们不能受理索赔。
5. 贵公司商品出口免检，来之不易。

信得过

“信”是动词，“得”“过”都是助词。“信得过”是动词带结果补语一类结构的短语，它的否定形式是“信不过”。类似的短语还有很多，如“对得起、对不起”“做得成、做不成”“睡得着、睡不着”“回得来、回不来”，等等。

In this expression, 信 is a verb, and both 得 and 过 are particles. 信得过 is a phrase made up of a verb and its complement of result. Its negative form is 信不过. There are quite a number of phrases similar to this one, such as 对得起 and 对不起, 做得成 and 做不成, 睡得着 and 睡不着, 回得来 and 回不来, etc.

一、熟读下列各句，体会"信得过""信不过"的意义和用法。

1. 他这个人太滑头，叫人信不过。
2. 这家商店荣获"信得过商店"的称号。
3. 我们是老朋友了，你还信不过我吗？
4. 你要是信得过我，就把这事交给我去办好了。

二、请用"信得过"或"信不过"和下列短语造句。

1. 多年的贸易伙伴
2. 贵公司一向重信誉
3. 皮包公司
4. 贵国出具的商检证书

不必

副词，表示事理上或情理上不是一定需要，不是非如此不可。

Adverb: need not; not have to. It means that something is not necessary or a must in reason or in sense.

一、熟读下列短语，体会每个短语的意义。

不必介意	不必降价	不必优惠	不必更换
不必赔偿	不必转运	不必修改	不必复检
不必索赔	不必答复	不必交涉	不必承诺

二、从上面选择五个短语各造一个句子。

倘

连词，也常用"倘若、倘使、倘或"，它的意思和用法与"如果、假如"相同，不过表示的假设语气比较重。

This conjunction can also take the form of 倘若, 倘使, or 倘或 . Its meaning and usage are the same as those of 如果 or 假如, but with a stronger tone of supposition.

一、熟读下列各句，体会“倘”的意义和用法。

1. 倘若协商没有结果，只好提交仲裁了。
2. 倘若你不出面，这事就不好解决了。
3. 倘或听我一句劝告，也不至于这么糟糕！
4. 倘使没有市场，还有什么生意可做？

二、请用“倘”和下列短语造句。

1. 重量与合同不符
2. 对方没有信守合同
3. 因包装不善破损
4. 货物质量与样货不符

难以

是一种文言表达方式，意思是“不容易”。与“难于”相当。“以”“于”都是介词。

It is an expression used in classical Chinese, meaning difficult to. It is equivalent to 难于. Both 以 and 于 are prepositions.

一、熟读下列短语，体会每个短语的意义和结构。

难以识别	难以把握	难以预料	难以相（置）信
难以猜测	难以查明	难以交货	难以仲裁
难以控制	难以突破	难以克服	难以许诺

二、选用上面的短语填空。

1. 真货、假货______________________________。
2. 去年成交额那么大，一般情况下______________________。
3. 目前国际金融市场动荡不定，______________________。
4. 这位老先生说话幽默，常常开玩笑，________________。
5. 世界能源危机在短期内________________________。
6. 这个经济案件十分复杂，________________________。
7. 你们的要求不符合互通有无、平等互利的原则，我们__________。
8. 因为这批货物经过几次转船，货物灭失的原因，一时__________。
9. 这笔生意订货量大，技术要求高，在短期内______________。

10. 俗话说："天有不测风云。"远洋运输途中会遇到什么风险，实在__________________________。

B

一、请用下列词语组成短语。

提交　调解　部门　严重　仲裁　失误

强行　短缺　接受　商检　允许　挤压

二、选用上面的词语完成下列句子。

1. 这次商品复检结果，____。
2. 这次造成货物破损，是因为__________________________________。
3. 问题究竟出在哪里，等我们调查清楚后，______________________。
4. 考虑到我们多年的业务关系，我们同意________________________。
5. 我们要求赔偿，多次交涉，都没有结果，______________________。

三、熟读下列短语，并选择适当的短语完成下列句子。

深表同情	深表遗憾	深表不安	深表赞赏
深表关注	深表歉意	深表谢意	深表敬佩

1. 这次来访，受到贵方的热情接待，我们_______________。
2. 贵国的经济体制改革取得了巨大效益，我们_______________。
3. 你方提出的要求太高了，我们不能做出任何承诺，_______________。
4. 对贵公司没有严格履行合同，_______________。
5. 对目前国际金融市场风云变幻、动荡不安的局面，_______________。

四、熟读下列短语，并选择适当的短语填空。

出言无据	万无一失	出尔反尔	不言而喻
一无所知	不必介意	顾名思义	名正言顺
至关重要	尽力而为		

1. 你说黄金行情看涨，我看你纯粹是_______________。
2. 他一向说话_______________，我劝你不要跟他合作。

3. 这笔交易能不能成功，对我们双方都________________。
4. 一个业务推销员，如果对商品________________，怎么向顾客推销呢？
5. 你是公司的经理，这事由你来决定，是________________的。
6. 既然经商检局检验，供货与样货品质不符，________________，应该退货。
7. 组织这批货源不论多么困难，我们都将________________。
8. 保险公司，________________，它的业务自然是办理各类社会保险。
9. 洽谈中难免发生争议，大家都________________。
10. 天有不测风云，人有旦夕祸福，货物即使办理了保险，也很难说就________________了。

五、想一想，谈一谈。

1. 在交易活动中，发生争端是不是常有的事？一般怎么解决？
2. 一旦造成经济损失，怎样向对方索赔？
3. 出现了什么情况，才不得不提出仲裁？
4. 你有过索赔和涉及仲裁的经历吗？请谈谈具体情况。

六、阅读下面的短文，并回答问题。

哑巴吃黄连

我们工厂，委托一家外贸公司代理从国外进口一条化工生产线。货到后，我们赶紧组织安装调试。在这个过程中，我们发现设备质量、规格有许多与合同不符，根本无法投产。我们请国家商检局来检验，证明确实是卖方没有履行合同，我们把商检局出具的证明交给为我们代理进口的外贸公司，并向卖方索赔。但卖方拒绝受理，答复说："合同规定，应在货物到达目的地后 60 天内商检，凭商检证书在 120 天内索赔，而你方没有在规定期限内商检，设备质量出了问题，不能由我们负责。"我们真是哑巴（yǎba）吃黄连——有苦说不出啊！

1. 工厂有没有理由向卖方索赔？
2. 卖方是否有理由拒绝工厂索赔？
3. 依你看，应该是哪一方的责任？
4. 如果工厂把争议提交仲裁，哪一方可能败诉？

第十七课

17 代理协议

Agency Agreement

一、要求独家代理

罗　斯：李先生，恕我开门见山。我这次来中国，是想跟先生商谈贵公司在美国的销售代理问题。

李　宁：欢迎啊，我们很乐意同罗斯先生讨论这个问题。

罗　斯：李先生知道，我们公司多年经销贵公司的产品，成绩显著。

李　宁：罗斯先生说得没错，我们非常感谢。

罗　斯：如果贵公司委托我在美国做产品经销的独家代理人，我相信，对我们双方都有利。

李　宁：哦？罗斯先生认为，目前的条件成熟吗？

罗　斯：我们公司已经具备了做独家代理的能力和条件。

李　宁：可是，根据我们在贵国做的市场调研，贵国对本公司产品的需求量很大，而你们公司以往的订货量却很有限。所以，我们不得不同贵国的多家客商建立贸易关系。

罗　斯：如果贵公司把产品的专营权交给我们，情形可能就大不一样了。

李　宁：为什么？

罗　斯：事实上，正因为贵公司在我国建立了多家代理关系，同业竞争十分激烈，所以我们过去主要经销别的公司的产品，经销贵公司产品，只是试探性的，订货量自然有限。

李　宁：你是不是说，今后你们打算中断同别的公司的业务关系，集中全部精力专营本公司的产品？

罗　斯：是的，就看贵公司给不给我们这个荣幸和机会了。

李　宁：我十分赞赏罗斯先生的气魄和才干！罗斯先生能否给我们提供一些必要的资料呢？比如贵公司经营的状况、网络、渠道、运作方式，以及作为独家代理的计划。

罗　斯：我们已经带来了！

李　宁：啊，你们是有备而来嘛！那好，让我们研究研究吧！

二、权利与义务

李　宁：罗斯先生，我们经过研究，很高兴约请你作为本公司在贵国的独家代理人。

罗　斯：我感到十分荣幸！

李　宁：今天，我们就来谈谈具体细节吧！

罗　斯：好的。就请李先生先谈谈我的权利与义务。

李　宁：作为本公司的独家代理商，享有本公司产品在贵国的独家专营权。

罗　斯：这就是说，你们承诺，今后不在我国建立多家代理关系。

李　宁：是的。根据代理协议，你们还将得到应得的佣金和报酬。

罗　斯：这也是国际惯例。

李　宁：说到义务，我们也是遵循国际上一些通行的做法。

罗　斯：很好，我们今后可以少一些争议。

李　宁：作为我方的独家代理，你们不能在贵国经营其他国家同类和类似的产品，也不能把我们的产品再转口到贵国以外的地区去。

罗　斯：这是合理的限制，我们接受。

李　宁：你方还要按照我们双方商定的商品价格保证完成一定的年销售量和销售金额。

罗　斯：这是当然。但要有合理的销售定额和佣金，超过定额部分，要提高佣金比例。

李　宁：这可以商量。如果代而不理或不积极推销，完不成定额，也要扣付佣金，甚至取消代理资格。

罗　斯：这个条件也公平。

李　宁：你们作为有专营权的代理人，可以牵线搭桥，兜揽订单，以我们委托人的名义与客户签订买卖合同。不过，有一句丑话要说在前头。

罗　斯：请讲！

李　宁：你们要毫无保留地向我们提供一切真实情况，在代理业务中，不得受贿，不得谋取私利，更不得串通第三者损害本公司的利益。

罗　斯：哦，这是代理人最起码的职业道德，不必叮嘱。

李　宁：为了有利于改进生产，我们还希望贵公司能够每半年给我们提供一次市场调研资料，把客户对我们产品的反映及时反馈给我们。对你们提供的此类信息，我们也将付给酬金。

罗　斯：好说，好说。既然你我双方同在一条船上，利害与共，本应互相通气，共商对策。

李　宁：那就让我们携手合作，同舟共济吧！

三、定额与佣金

李　宁：罗斯先生，我们今天协商销售定额与佣金问题。

罗　斯：李先生不妨先提出一个销售定额，供我们考虑。

李　宁：那也好。罗斯先生十分了解本公司产品在国际市场上的销售情况，不需要我做更多的说明，我就直截了当地说了。

罗　斯：我喜欢这种工作作风。

李　宁：你方作为本公司在贵国的独家代理，年销售量不能少于2000万美元。

罗　斯：2000万？这是不是太高了！据我们对国内市场的预测，即使我们竭尽全力，充其量也只能完成1500万的年销售量。

李　宁：本公司产品在贵国的年销售量，远远超过了2000万美元。罗斯先生是不是太保守了？

罗　斯：可是市场有许多可变因素，难以预测。

李　宁：但是，罗斯先生成了本公司的独家代理后，没有了竞争对手，也就控制了全部市场，还愁完不成2000万的年销售量？

罗　斯：好吧，2000万就2000万，但佣金必须5%。

李　宁：这个要价是不是有点儿离谱儿了？

罗　斯：不，一点儿也不离谱儿。李先生自然会算这笔账，我们要完成这么大的年销售量，需要多大的开支和投入。再说，你刚才就没给我留讨价还价的余地，不是吗？

李　宁：好吧，我们也接受你的条件。我们这次商谈的独家代理协议，有效期就短一点儿，三年，怎么样？

罗　斯：可以。

李　宁：三年期满后，如果我们双方都有继续合作的愿望，可以再洽谈延期问题。

罗　斯：好，就请贵公司草拟一个文本，以便我们尽早签字。

生　词

1. 独家	dújiā	only, exclusive
2. 开门见山	kāimén-jiànshān	to come straight to the point
3. 成绩	chéngjì	achievement, success
4. 显著	xiǎnzhù	notable, marked
5. 成熟	chéngshú	mature
6. 具备	jùbèi	to possess, to have
7. 调研	diàoyán	to investigate and study
8. 以往	yǐwǎng	before
9. 有限	yǒuxiàn	limited
10. 专营	zhuān yíng	exclusively deal in
11. 情形	qíngxing	situation, state of affairs

12. 同业	tóngyè	the same business
13. 经销	jīngxiāo	to sell on commission, to distribute
14. 试探	shìtàn	to feel out
15. 中断	zhōngduàn	to suspend, to break off
16. 精力	jīnglì	energy, vigor
17. 赞赏	zànshǎng	to appreciate, to admire
18. 气魄	qìpò	breadth of spirit, imposing manner
19. 才干	cáigàn	ability, competence
20. 运作	yùnzuò	to operate
21. 计划	jìhuà	plan; to plan
22. 有备而来	yǒu bèi ér lái	to come fully prepared
23. 约请	yuēqǐng	to invite, to ask
24. 享有	xiǎngyǒu	to enjoy
25. 报酬	bàochou	remuneration
26. 遵循	zūnxún	to abide by
27. 转口	zhuǎnkǒu	to transit
28. 地区	dìqū	region, district
29. 定额	dìng'é	quota
30. 代而不理	dài ér bù lǐ	to fail to perform the duty of an agent
31. 扣付	kòu fù	to deduct
32. 资格	zīgé	qualifications, status
33. 公平	gōngpíng	fair
34. 兜揽	dōulǎn	to canvass, to solicit
35. 名义	míngyì	name
36. 丑话	chǒuhuà	blunt words
37. 毫无	háo wú	not in the least
38. 保留	bǎoliú	to retain
39. 受贿	shòuhuì	to accept (or take) bribes
40. 谋取	móuqǔ	to seek, to try to gain
41. 私利	sīlì	private gain
42. 串通	chuàntōng	to gang up, to collaborate
43. 职业	zhíyè	occupation
44. 叮嘱	dīngzhǔ	to warn, to exhort
45. 反映	fǎnyìng	to reflect

46. 反馈	fǎnkuì	to feed back
47. 酬金	chóujīn	monetary reward
48. 利害与共	lìhài yǔgòng	to have common interests
49. 通气	tōngqì	to keep each other informed
50. 对策	duìcè	way to deal with a situation, countermove
51. 携手	xiéshǒu	to join hands
52. 同舟共济	tóngzhōu-gòngjì	to cross a river in the same boat, to pull together in times of trouble
53. 直截了当	zhíjié-liǎodàng	straightforward
54. 作风	zuòfēng	style
55. 预测	yùcè	to predict
56. 竭尽全力	jiéjìn quánlì	to spare no effort, to do one's utmost
57. 充其量	chōngqíliàng	at most
58. 保守	bǎoshǒu	conservative
59. 控制	kòngzhì	to control
60. 愁	chóu	to worry
61. 离谱儿	lípǔr	to be out of place; unreasonable
62. 开支	kāizhī	expenses
63. 投入	tóurù	to put into; input, investment
64. 余地	yúdì	leeway, room
65. 愿望	yuànwàng	wish
66. 延期	yánqī	to extend, to defer

练习

A

大不一样

“大”，是形容词，也是副词。做副词用时，表示程度的深浅。“大＋不＋形容词／动词”，表示程度深；“不＋大＋形容词／动词”，表示程度浅。

大 is both an adjective and an adverb. When it is used as an adverb, it indicates the degree of something. “大 + 不 + adjective/verb” means a high degree, while “不 + 大 + adjective/verb” means a low degree.

一、熟读下列各句，体会“大不一样”和“不大一样”的不同意义和用法。

1. 这两件事可大不一样。/ 这两件事可不大一样。

2. 这两台电视的质量可大不一样。/ 这两台电视的质量可不大一样。

二、选用“大不一样”或“不大一样”完成下列句子。

1. 独家代理和多家代理的权利和义务________。

2. 在北京生活，自己能听会说和事事靠翻译________。

3. 他的言谈举止，下海前和下海后________。

4. 结婚后，他对母亲的态度________。

5. 对不起，请问为什么你说的和你做的________。

好说

①客套话，在别人向自己致谢或恭维时，表示不敢当。②表示同意或好商量。

1) This polite response is used to express modesty when someone extends thanks to you. 2) It is used to express agreement or that something can be settled through discussion.

一、熟读下列各句，体会“好说”的意义和用法。

1. A：这次能如期交货，多亏贵方大力协助。

B：好说，好说。我们是多年的贸易伙伴嘛。

2. 不就是订个舱位吗？好说，好说，这事就包在我身上了。

3. 好说，好说。这样的事我们一定代劳，不用你操心。

4. A：这次谈判销售定额和佣金，承蒙贵公司关照，我们非常感谢。

B：好说，好说。来日方长，今后我们也有请贵方帮忙的时候。

二、请用“好说，好说”完成下列对话。

1. A：我们要完成贵公司的定额恐怕有困难。

B：________。

2. A：5%的佣金可不低，能不能……

B：________。

3. A：能否指定我们做贵公司产品的独家代理人问题，贵公司考虑得怎样了？

B：________。

4. A：关于独家代理的权利与责任，我们希望具体谈谈。

B：____。

5. A：我们双方的合作协议就要到期了，我们希望能在适当的时候洽谈延期的问题。

B：____。

充其量

表示做最大限度的估计，有"满打满算它的数量也就是……"的意思。

It means making the estimation to the maximum (at most), that is, "at the maximum, its quantity is...".

一、熟读下列各句，体会"充其量"的意义和用法。

1. 他的资金不多，充其量一百来万。
2. 他不会去很久，充其量不过十来天。
3. 我们充其量加一天班，也就把这点儿事做完了。

二、请用"充其量"和下列短语造句。

1. 代理商得到的佣金和报酬
2. 独家代理协议有效期
3. 你的签证延长时间
4. 他掌握的最新资料

就

副词，用在两个相同的成分之间，表示容忍、消极的同意和不得已的让步。

Adverb: When it is placed between two identical elements, it expresses tolerance, passive agreement or reluctant concession.

一、熟读下列各句，指出句中"就"所表示的意义。

1. 这种商品的包装和装潢真好看，贵点儿就贵点儿吧。
2. 为了做成这笔交易，该让步就让步吧。
3. 广告费该花多少就花多少，这是不能省的。
4. 代销金额定为 15 万就 15 万，我们只好豁出去了。

二、模仿上面的例句，用下列短语造句。

说就说	走就走	拍卖就拍卖
处理就处理	扣付就扣付	调查就调查
签字就签字	赔钱就赔钱	限制就限制

B

一、请用下列词语组成短语。

网络	反馈	信息	代理	显著
扣付	成绩	佣金	资格	经销

二、选用上面的词语完成下列句子。

1. 我们已经建立起一个____________________。
2. 根据市场________________，我们可以增加一些订货量。
3. 我们终于获得了________________，值得庆祝一下。
4. 作为独家代理商，____________，销售量已连续三年保持增长。
5. 如果代理完不成定额，____________________。

三、熟读下列词语，并选择适当的词语填空。

同舟共济	利害与共	讨价还价
直截了当	不妨一试	携手合作
信息反馈	开门见山	相互关照

1. 我公司非常重视__________，如果你们提供资料，我们可以付适当佣金。
2. 我说话一向__________，不会转弯抹角，请你不要介意。
3. 我们既是贸易伙伴，就应该__________。
4. 这套管理方法，能大幅度提高经济效益，你们__________。
5. 既然是做买卖，都为了赚钱，__________，是正常现象。
6. 你们俩都是第一次长途旅行，一路上要多多__________。
7. 他做什么事都觉得难为情，要什么，拒绝什么，从来不会__________

地说出来。

8. 我们热烈欢迎贵公司在我厂投资，希望我们今后____________，为了共同利益而积极进取。

9. 我们双方____________，理应通力合作，同舟共济。

四、想一想，谈一谈。

1. 代理商与他所代理的公司或厂家是什么关系？
2. 代理商怎么开展自己的商贸活动？
3. 签订代理协议要注意哪些问题？
4. 你认为做独家代理商有风险吗？你有没有过这样的经验？尝到过其中的酸甜苦辣吗？

五、阅读下面的短文，并回答问题。

精明的代理商

1986年，7万台菊花（júhuā）牌电扇首次出口欧洲，由于不符合客商某种特殊质量要求，客商要求全部退货，并提出巨额索赔。在这困难的时候，侨居美国马里兰州的赵先生飞来中国，找到厂长，要求做菊花牌电扇在美国的销售代理人。厂长怕再遇风险，不敢贸然（màorán）答应。可赵先生是位精明干练的商人，他立即向厂长提供了大量信息。他说："现在，北美、西欧、日本，电扇需求量日趋增长，仅美国的电扇年销售量就达2000万台左右。这对菊花牌电扇出口，是一个绝好的机会。"他把有关美国市场对电扇规格、质量、安全、色调等方面要求的资料，都给了厂长。菊花牌电扇厂的厂长被感动了，愉快地约请赵先生做代理商。不久，"菊花"厂与美国申士达公司签订了第一批60万台电扇的出口合同，并全部贴上美国的优质商标运往美国。

1. 赵先生是在什么样的情况下来中国的？
2. 赵先生是哪国人？他为什么主动要求做菊花牌电扇在美国的代理商？
3. 赵先生是怎样取得厂长的信任和承诺的？
4. 双方合作结果怎样？

第十八课

18 国际贸易网络平台

International Trading Network Platform

一、传统贸易方式的突破

麦　克：赵林先生，听说中国互联网发展很快，现在可以在网上开展国际贸易吗？

赵　林：当然可以。我们国家的网络技术发展很快，普及率很高，不只在城市，农村也用上了互联网。

麦　克：是吗？这太好了，这样信息就不再闭塞，我们的联系也方便多了。

赵　林：是的，我们每天早上起床的第一件事，就是打开电脑查看电子信箱有没有邮件。

麦　克：哦，这是我们大家共同的习惯。

赵　林：你说得很对。现代信息技术的发展，不只是开拓和繁荣了信息产业本身，它影响最深的恐怕是人们的生活、工作方式和传统的经济贸易关系。

麦　克：在中国，国际贸易方式有什么变化呢？

赵　林：以网络技术为基础的电子商务，是全世界发展经济贸易的大趋势。网上购物、网上交易已经成为一种时尚。我国的对外贸易也是如此。国际贸易已经可以完全在网上展开了。

麦　克：是吗？

赵　林：现在可以先在网上操作，进行无纸化贸易，然后再处理文本单据。

麦　克：那太好了，事情简单多了！

赵　林：也许有一天可以完全实现无纸化贸易！

二、多样化网上交易平台

麦　克：赵林先生，我们可能都注意到了，网上贸易使贸易方式发生了变革，可以说已经彻底改变了人们传统的贸易习惯。

赵　林：你说得一点儿不错，这要归功于互联网技术的高速发展。

麦　克：你能给我介绍一下中国现在的状况吗？

赵　林：当然可以。中国互联网普及率已经居世界前列，互联网技术的快速发展也取得了令人瞩目和惊叹的成就。目前，网上交易平台有很多，最主要的形式有两种——B2B 和 C2C。B2B 就是 Business to Business，是企业对企业的交易平台。它把企业内部的网站通过 B2B 网站，和客户紧密连接起来，实现网上交易。

麦　克：可以很容易地找到中国的 B2B 网站吗？

赵　林：很容易。比如 E 销 · 海尔跨境电商平台，就是目前最有影响的 B2B 平台之一，它集交易、支付、物流、金融于一体，致力于为国内厂家寻找国外的采购商和大额订单；阿里巴巴精心打造的 B2B 商务社交平台，是目前全球最大的 B2B 平台。

麦　克：这么说，我们在 B2B 平台上可以轻松找到中国企业啰！那么，C2C 平台的情况也这样吗？

赵　林：我们都知道，C2C 就是 Consumer to Consumer，是为买卖双方提供的一个在线交易平台，卖方可以主动提供商品在网上拍卖，而买方可以根据自己的需要，自由选择商品竞价，实现交易。

麦　克：eBay是全球最大的C2C跨国贸易销售网站，在中国也可以使用吗？

赵　林：当然可以，它的影响力越来越大。

麦　克：为什么？

赵　林：这个平台可以为买卖双方提供必要的技术支持，比如发布产品信息、制定定价策略、选择产品、电子支付等。

麦　克：这像一个商务参谋和顾问嘛！

赵　林：事实上，中国现在有很多专业电商平台，比如国际贸易投保、通关，物流配送，网上支付，等等，有企业电商，也有官方网站。中国政府还允许外国跨国电商平台进入中国市场，现在在中国，已经有很多跨国电商平台了。

麦　克：这么说，有多种平台可供选择，可以随时在线浏览。这太好了，我以后不必为做一笔生意，专程来中国了。

赵　林：过去传统的贸易方式，要做成一笔生意，单是差旅费，就是一笔不小的开支，无疑增加了成本。

麦　克：有时甚至是赔本赚吆喝！现在好了，有了跨国电商平台，可以及时捕捉到商机，完成交易，真正实现了便捷、高效、低成本和利润的最大化。

赵　林：这正是传统贸易时代的梦想，现在都已经成了现实了！

麦　克：不过，在现在的电子商务潮中，违规操作乃至进行商业欺诈的事屡屡发生，网上交易的安全问题，一直是令商家们头痛的忧患。

赵　林：这确实是一个世界性难题。但是，我们可以加密，还可以利用跟踪系统对交易的各个环节进行监控，及时避免可能出现的风险。

麦　克：即便如此，我们也不能高枕无忧！

赵　林：是的，网络是虚拟世界嘛，有高等级、多车道的高速公路，也有坑坑洼洼、时有陷阱的泥巴路，我们看不见摸不着，是吧？

麦　克：你这个比喻太生动了！

赵　林：当今世界，社会生活高度信息化，我们需要世界各国共同努力，建设一个和平、安全、开放、合作的网络空间。中国始终是网络安全的坚定维护者。我坚信，随着网络技术的发展，网络风险最终还是可以管控的。

麦　克：我们大家都有这个信心！

生　词

1	平台	píngtái	platform
2	传统	chuántǒng	tradition
3	突破	tūpò	breakthrough
4	互联网	hùliánwǎng	Internet
5	闭塞	bìsè	uninformed
6	查看	chákàn	to check
7	电子信箱	diànzǐ xìnxiāng	email
8	开拓	kāituò	to develop
9	繁荣	fánróng	prosperous
10	产业	chǎnyè	industry
11	趋势	qūshì	trend
12	时尚	shíshàng	fashion
13	操作	cāozuò	to operate
14	彻底	chèdǐ	thorough
15	归功于	guīgōng yú	thanks to
16	前列	qiánliè	precedent
17	瞩目	zhǔmù	eye-catching
18	惊叹	jīngtàn	to marvel at
19	网站	wǎngzhàn	website
20	紧密	jǐnmì	closely
21	连接	liánjiē	to link
22	跨境	kuà jìng	cross-border
23	致力于	zhìlì yú	to be committed to

24 寻找	xúnzhǎo	to look for
25 拍卖	pāimài	to auction
26 竞价	jìngjià	bidding
27 发布	fābù	to launch
28 参谋	cānmóu	adviser
29 顾问	gùwèn	consultant
30 物流	wùliú	logistics
31 配送	pèisòng	delivery
32 浏览	liúlǎn	to browse
33 专程	zhuānchéng	special trip
34 捕捉	bǔzhuō	to capture
35 商机	shāngjī	business opportunity
36 便捷	biànjié	convenient
37 梦想	mèngxiǎng	dream
38 违规	wéiguī	to break the rule
39 乃至	nǎizhì	even
40 屡屡	lǚlǚ	repeatedly
41 忧患	yōuhuàn	suffering
42 加密	jiāmì	to encrypt
43 跟踪	gēnzōng	to tail after
44 虚拟	xūnǐ	virtual
45 陷阱	xiànjǐng	trap

练　习

A

时尚 / 时髦

“时尚”多做名词，指一时受推崇、受追求的东西。“时髦”是形容词，形容人的衣着或某种事物在一段时间里很流行。

时尚 is usually used as a noun (meaning "fashion"), referring to the things that people pursue or hold in high esteem. 时髦 is an adjective (meaning "fashionable"). It describes the fact that some garments or things are very popular during a period of time.

一、熟读下列各句，体会"时尚""时髦"的意义和用法。

1. 绿色出行已经成为一种时尚。
2. 结婚时大吃大喝已经不合时尚。
3. 那个女孩特时髦。
4. 这种款式的衣服已经不时髦了。

二、请用"时尚"或"时髦"与下列短语造句。

1. 电子商务网络
2. 出国旅游、出国休假
3. 追求名牌
4. 人才投资

如此

①指示代词，指上文提到的某种情况。②副词，表示强调或肯定，但有时可能表示嘲讽，这时就不是肯定而是否定了。

1) Demonstrative pronoun: It refers to the state of affairs mentioned previously in the text. 2) Adverb: It expresses emphasis or confirmation, but sometimes it expresses irony, and in such case it has a negative rather than a positive implication.

一、熟读下列各句，体会"如此"的意义和用法。

1. 事情已经如此，我还能说什么？
2. 你们如此不讲信誉，我们只好向消费者协会投诉。
3. 如此高见，我们算是领教了！
4. 天天如此，年年如此，我们早就习惯了。

二、请用"如此"和下列短语造句。

谋取私利　延期支付　竞争激烈　信息产业

乃至

连词，用来连接两项以上性质相同或相近的事物或行为，表示事情所达到的最大范围或程度。多用于书面语。

It is a conjunction (meaning "even") linking two or more matters or actions that are of the same or similar nature, indicating the maximum scope or extent of something. It is more often used in written Chinese.

一、熟读下列各句，体会“乃至”的意义和用法。

1. 20世纪末的金融危机对韩国、日本、东南亚各国乃至全世界的经济都产生了重大影响。
2. 现在，在商品市场、资本市场、人才市场乃至一切生活领域，都充满了竞争。

二、请将“乃至”用在下列各句中适当的地方。

1. 现在，刚走上社会的年轻人、一些大学生都开始自己创业了。
2. 通过互联网寻找商机、发布信息、看货订货、讨价还价。
3. 他又结婚了，他的朋友、亲戚、父母都不知道。
4. 网上交易、网上购物、网上征婚，已经成为一种时尚。

屡 / 屡屡

副词，表示同样或同类行为多次反复。

This adverb expresses the repetition of the same action, or actions of the same type.

一、熟读下列各句，体会“屡”“屡屡”的意义和用法。

1. 他这一生是屡战屡败，屡败屡战。
2. 他这人是屡教不改，无可救药了。
3. 这家工厂屡屡发生劳资纠纷。
4. 由于不重视市场调研，董事会屡屡出现重大决策失误。

二、请用“屡”或“屡屡”和下列短语造句。

设障碍　工程事故　花生霉烂　资金短缺

B

一、请用下列词语组成短语。

查看	交易	闭塞	操作
电子信箱	信息	捕捉	连接
平台	商机	紧密	违规

二、熟读下列词语或短语，体会它们的意义和结构，然后各造一个句子。

令人瞩目　　赔本赚吆喝　　高枕无忧

三、请用括号里的词语完成下列句子。

1. ________________已经成为一种消费时尚。（网上）
2. 现代信息技术的发展，________________。（开拓）
3. 以网络技术为基础的电子商务，________________。（趋势）
4. 在当今的电子商务潮中，________________。（忧患）

四、想一想，谈一谈。

1. 电子商务对传统贸易方式有什么样的冲击？
2. 电子商务有没有风险和忧患，为什么？
3. 通过互联网可进行哪些商务活动？它能完全取代传统贸易方式吗？
4. 在网上做生意要具备哪些条件？

五、阅读下面的短文，并回答问题。

电视直销

"儿子，你来量量，看长高一点儿没有。"母亲喊道。

"昨天刚量过了，还是没长！"儿子有点儿不耐烦地说。

母亲有些着急了。一天，她们全家看电视直销节目，节目中正在推销"见风长"牌增高机。节目主持人一边演示，一边绘声绘色地说："只要每天坚持使用15分钟，三个月后就可以长高1~15厘米。"看了这个电视直销节目，母亲决定要为儿子买一台，儿子都17岁了，可身高只有1.6米。现在的姑娘，也不知怎么了，找对象非高个儿不要，说什么1.8米正好，1.7米凑合，1.6 米那是残废！儿子再不长个儿，那不就成残废了？为了儿子能娶上媳妇，多少钱也得买！节目还没看完，母亲就拨通了订货电话。第二天，商家就把一台崭新的“见风长”增高机送来了，还十分认真地给儿子量了身高。量完，说：“好，三个月以后验证，如果未长一厘米，可以退货。”现在，已经过去三个月了，儿子每天按说明书要求使用 15 分钟，天天量，常常一天还量几次，可儿子那个头儿就是不见动静。

儿子终于烦透了，死说活说也不相信那“见风长”了。当妈的没辙，只好要求退货。不知打了多少电话，商家才派了个推销员来，又给儿子量了身高，果然还是 1.6 米。商家答应退货，但说，按公司规定每天要收取 0.02% 折旧费，使用 104 天，应该收折旧费 548.73 元！

1. 电视直销是一种什么推销方式？它是怎么产生并流行起来的？
2. 电视直销的优点是什么？缺点是什么？
3. 你读了上面的故事有什么感想？退货时要付折旧费，合理吗？
4. 你有过通过电视直销购物的经历吗？请谈谈。

第十九课 19
在国外推销商品的多种形式
Modes of Trade Promotion Abroad

一、推销形式

陈其然：乔治先生，我们公司将在贵国进一步开拓市场，希望能得到你的协助。

乔　治：我们是老朋友，我一定尽力。不知我能为你做些什么？

陈其然：你知道，我们过去只习惯于同国外的进出口商、代理商、批发商打交道，甚至要通过五手六手中间商才能进入国外的零售市场。

乔　治：这种经营方式，中间环节多，成本高，信息反馈慢，外汇风险也大。

陈其然：谁说不是呢？这种陈旧落后的经营方式，已经不能适应现在的国际贸易形势。

乔　治：电子商务的出现，已经对这种传统方式形成了巨大冲击。跨国公司的发展和全球经济一体化，也要求改变经营策略，提高经营水平。

陈其然：我们公司已经清醒地意识到了这一点。

乔　治：那么，你们准备怎么做呢？

陈其然：为了深度开发国外市场，我们首先要改变坐店经营的作风，上门推销！

乔　治：请继续讲！

陈其然：我们决定组织一个代表团到贵国去，争取供需双方直接见面。

乔　治：我可以为你们牵线搭桥。

陈其然：我们尤其希望同大型国际连锁企业集团建立联系，把我们的商品打入他们的采购系统。

乔 治：这是一个很高明的决策！

陈其然：一个大型的连锁企业可能有成百上千的分销店吧？

乔 治：是的。特别是大型国际连锁企业集团，它的分销店还可能遍布全世界。

陈其然：你想，我们的商品如果能打入一个连锁企业集团的采购系统，不就等于打入了成百上千的分销店？

乔 治：是这样。不过，打入连锁企业集团的采购系统，可不是轻而易举的事。

陈其然：我们知道，关键是看我们的商品是不是有很强的竞争力。

乔 治：还要让消费者了解，要适销对路。

陈其然：你们是专业咨询公司，所以要请你们大力协助！

乔 治：我们可以提供有关情况。

陈其然：不只如此。

乔 治：你是说要我们为贵公司策划一次大型的公关活动？

陈其然：是，在你们国家大造一次舆论。

乔 治：引起强烈的轰动效应！

陈其然：是，把贵国的大型连锁企业吸引来，越多越好。

乔 治：然后，开展多种多样的活动，让与会的企业家们了解你们公司，了解你们的产品。

陈其然：要力争使他们成为我们的贸易伙伴，同我们建立起稳固的供销关系。

乔 治：好，我们义不容辞，一定把这次公关活动策划好！

二、展览会和博览会

陈其然：乔治先生，我们公司准备到国外去参加一些商品展览会和博览会，想向你咨询一些问题。

乔　治：很高兴能为你提供服务。

陈其然：你知道，参加贸易展览会是经常使用的一种产品营销战略。

乔　治：是的，一次成功的参展，可以最大限度地提高企业和产品的知名度，随之而来的，可能是滚滚财源！

陈其然：不过，参展能不能成功，受许多因素的制约。

乔　治：首先是要进对门。

陈其然：这正是我要请你帮忙的。现在，世界各地有五花八门的展览会、展销会、博览会，有综合的，也有专业的，我们必须有所选择。

乔　治：应该选择最适合你们公司业务范围、又有很高知名度的参展。

陈其然：所以请你为我们公司提供一些资料，如展览会的性质、主办单位、参展单位、参观者来源、主办者的宣传工作。

乔　治：还有展览会的现场环境、配套服务和参展费用。

陈其然：对，这些都很重要。

乔　治：我们可以为你们提供一份详尽的资料。

陈其然：还有一个问题，就是展品的进出口手续。

乔　治：贵国是不是 ATA 单证册的缔约国？

陈其然：是。

乔　治：这就简单了。ATA 单证册是货物通关的护照。有出证商会担保的 ATA 单证册，既可以替代临时进出口通关报关单证，又可以作为向海关提供临时进口免税的担保。

陈其然：这太好了。这样，我们就有足够时间从容参展了。

三、展 销 会

陈其然：乔治先生，有关商品展览会的资料，我们已经收到了。

乔　治：还满意吗？

陈其然：太好了，谢谢你们！

乔　治：不用客气！哦，我可以问一个问题吗？

陈其然：当然。

乔　治：你们怎么没有想到参加一个商品展销会呢？甚至干脆独家举办一个商品展销会？

陈其然：当然想到过。不过，展销会比展览会的规模要大多了，我们必须运去足够的商品，供参观者选购，商品少了，参观者会失望的。

乔　治：难道你们的货源不充足？

陈其然：那倒不是，我们的商品丰富着呢！只是办展销会手续更复杂，费用更大，我们对贵国市场行情也不太了解。

乔　治：尽管这样，我还是建议你们在适当时候举办商品展销会。我了解我国人民对贵国产品的兴趣和需求。

陈其然：谢谢乔治先生，我们会认真考虑你的建议。

乔　治：展销会还可办成订货洽谈会、商品介绍和技术交流会。一举多得嘛！

陈其然：是的，除了参观选购外，也可以进行大宗生意洽谈，签订合同，举行专题商品介绍会和技术讲座，进行现场技术操作与示范。

乔　治：这样就可以吸引更多的人到展览馆，会造成轰动的。

生　词

1. 形式	xíngshì	form
2. 批发	pīfā	to wholesale
3. 零售	língshòu	to retail
4. 陈旧	chénjiù	outmoded, obsolete
5. 落后	luòhòu	backward
6. 适应	shìyìng	to suit, to adapt to
7. 形成	xíngchéng	to form, to take shape
8. 冲击	chōngjī	to impact
9. 一体化	yìtǐhuà	integration

10. 改变	gǎibiàn	to change
11. 清醒	qīngxǐng	sober
12. 集团	jítuán	group
13. 采购	cǎigòu	to purchase
14. 高明	gāomíng	wise, clever
15. 决策	juécè	to make policy; policy decision
16. 轻而易举	qīng'éryìjǔ	easy to do
17. 策划	cèhuà	to plan
18. 舆论	yúlùn	public opinion
19. 强烈	qiángliè	strong
20. 轰动	hōngdòng	to cause a sensation, to make a stir
21. 效应	xiàoyìng	effect
22. 与会	yùhuì	to participate in a conference
23. 力争	lìzhēng	to work hard for, to do all one can
24. 稳固	wěngù	firm, stable
25. 义不容辞	yìbùróngcí	to be duty-bound, to have an unshirkable duty
26. 营销	yíngxiāo	to market
27. 战略	zhànlüè	strategy
28. 滚滚财源	gǔngǔn cáiyuán	surging sources of revenue
29. 制约	zhìyuē	to restrict
30. 五花八门	wǔhuā-bāmén	multifarious, of a wide variety
31. 主办	zhǔbàn	to sponsor
32. 来源	láiyuán	source
33. 宣传	xuānchuán	to publicize
34. 详尽	xiángjìn	detailed and complete
35. 缔约	dìyuē	to sign a treaty
36. 商会	shānghuì	chamber of commerce
37. 替代	tìdài	to substitute
38. 免税	miǎnshuì	exempt from taxation
39. 从容	cóngróng	unhurried
40. 失望	shīwàng	to be disappointed; frustrated
41. 一举多得	yìjǔ-duōdé	to kill several birds with one stone
42. 专题	zhuāntí	special topic, special subject
43. 讲座	jiǎngzuò	lecture

练习

A

谁说不是呢

"谁"，代词，可以指代一个人，也可以指不止一个人；可以指确定的人，也可以指不能肯定的人，或无须说出姓名的人；还可以指任何人。"谁说不是呢"句中的"谁"即是这种任指用法，意思是"没有人说不是""任何人都会说是"。

谁 is a pronoun which may be used to stand for a certain person, or persons, some definite person(s), or indefinite person(s), person(s) whose name(s) there is no need to mention, or anyone. In 谁说不是呢, 谁 is used for arbitrary reference, implying that "nobody would say no", or "everyone would say yes".

一、熟读下列各句，体会"谁"的意义和用法。

1. 你们当中有谁参加过广交会？
2. 你知道他是谁吗？
3. 谁也不知道经理去哪儿了。
4. 这是我们公司的制度，不管是谁违反制度，都要受到处罚。

二、请用"谁说不是呢"和下列短语造句。

1. 环境保护
2. 全球经济一体化
3. 网上贸易
4. 改变经营策略，提高经营水平

化

后缀，加在其他成分后面，构成动词，表示转变成某种性质或状况。例如"工业化、农业化、现代化、具体化、多样化、绿化、美化、腐化、净化"等等。

化 is a suffix (-ize or -ify) which is added to other elements to form a verb. It indicates a transformation into a certain nature or state. For example，工业化，农业化，现代化，具体化，多样化，绿化，美化，腐化，净化，etc.

一、熟读下列各句，体会用“化”做后缀构成动词表示的意义和用法。

1. 我们不能把事情简单化。
2. 世界经济一体化进程正在加快。
3. 中国正在深化改革外贸体制。
4. 我现在只有一个设想，还需要具体化。

二、请用“化”和下列词语构成动词，然后造句。

高档　男性　商品　复杂　美

着呢

某些动词和形容词后带上“着呢”，表示对一种情况的肯定，并强调其程度深，往往有夸张的意味。

It is used after certain verbs or adjectives. It confirms a situation, emphasizing its high degree, often with a touch of exaggeration.

一、熟读下列句子，体会“着呢”的意义和用法。

1. 现在，中国市场上的商品丰富着呢！
2. 推销商品的渠道和形式多着呢！
3. 外国朋友都说，在中国吃、住都经济实惠着呢！
4. 中国的丝绸、瓷器、茶叶，在世界上受欢迎着呢！

二、请用下列词语加“着呢”造句。

落后　清醒　高明　强烈　详尽

稳固　从容　经济实惠　信息灵通

尽管

①副词，表示动作行为不受条件限制或不考虑别的就可以进行。②连词，表示让步，用来连接复句，常与“可是”“但是”“然而”等相呼应。全句意思是承认甲事是事实，但乙事并不因此而改变。

1) Adverb: feel free to; not hesitate to. It says that the action or event is not restricted by any conditions, or one does not have to consider anything when they do a certain thing. 2) Conjunction: though; even though; in spite of. It connects a

complex sentence, expressing concession. It often works in concert with 可是, 但是, and 然而 (yet, however, nevertheless). The meaning of the whole sentence is that A is a fact, but B does not change because of it.

一、熟读下列各句，体会“尽管”的意义和用法。

1. 史密斯先生有什么意见，请尽管提出来，不必客气。
2. 您想买什么尽管说，我们尽量满足您的要求。
3. 尽管你来中国的时间不长，但你对中国的情况非常熟悉。
4. 尽管这次展销会是成功的，却也有不少地方需要改进。

二、请用“尽管”改写下列句子。

1. 这个计划是保守了一点儿，但也不是容易实现的。
2. 你们放心好了，无论遇到什么困难，我们都会按期发货的。
3. 这届展销会商品琳琅满目，物美价廉，可仍然不能满足顾客的需要。
4. 这次参展的轻纺产品，价格是贵了点儿，可用料讲究，款式新颖，做工精细，还是深受顾客欢迎的。
5. 这些机器的性能非常可靠，你们就大胆使用吧，不要有什么顾虑。

B

一、请用下列词语组成短语。

营销　　战略　　形势　　效应　　冲击

制约　　轰动　　因素　　形成　　适应

二、熟读下列词语，体会它们的意义和结构，然后各造一个句子。

义不容辞　　一举多得　　轻而易举

三、请用括号里的词语完成下列句子。

1. 电子商务的出现，对传统的贸易方式形成了巨大的冲击，______________________________________。（改变）
2. 打入连锁企业集团的采购系统____________________。（轻而易举）
3. 参加贸易展览会，______________________________。（战略）
4. 我们非常希望能成为你们的贸易伙伴，__________________。（稳固）

5. ________________已经不适应现在的国际贸易形势。（陈旧）

6. 向国外推销商品要尽量减少中间环节，因为中间环节多，________________。（成本）

7. 现在大型的国际连锁企业集团，________________。（遍布）

8. 某个商品能否打入一个连锁企业集团的采购系统，________________。（关键）

9. 真高兴，这次在贵国举办的贸易展览会，在你们大力协助下，________________。（轰动）

10. 我公司想深度开发国外市场，你们是专业咨询公司，________________。（提供）

四、想一想，谈一谈。

1. 在国外推销商品有哪些形式？你或你的朋友有过具体实践吗？请谈谈。

2. 为什么陈旧落后的经营方式已不能适应现在的国际贸易形势？

3. 要打入一个连锁企业集团的采购系统需具备哪些条件？

4. 一次成功的贸易展览会对参展者有深远的影响，为此举办者与参展者都要向对方提供哪些资料？做哪些事以保证成功？

五、阅读下面的短文，并回答问题。

各具特色

现在各类博览会、展销会办得不少。不久前举办的全国轻工业博览会，津、粤（Yuè）、沪（Hù）三地的展览，给人留下了深刻的印象。

天津人实在，他们是用过硬的产品克服市场疲软的。上海人聪明，论吃的，口感好；论穿的，款式新；论用的，做工细，设计美，变化快。很久以来，北京人就迷信上海货。广东人能干，在一个极小的展厅空间里，他们通过精心的布置和巧妙的推销，尽量展示自己产品的可爱、可贵，使无数顾客驻（zhù）足不前。

1. 津、粤、沪三地的展览，各具什么特色？

2. 你参加过这三地的商品展销吗？有什么印象？

3. 你对北京的商品和经销方式有什么想法？

第二十课

20 广 交 会

Canton Fair

一、会见总经理

宋　洁：卡特先生，热烈欢迎你来参加中国进出口商品交易会！

卡　特：谢谢总经理的盛情邀请，我感到十分荣幸，这是我第一次来参加广交会，衷心祝贺广交会胜利开幕！

宋　洁：谢谢！许多朋友也是第一次来，我们的广交会越办越兴旺了。

卡　特：我想，一是中国实施对外开放政策以来，搞活了经济，繁荣了市场，增强了外贸能力，所以招来了五洲四海的客商；二是广州是中国的南大门，邻近香港，外国客商往来便利。

宋　洁：卡特先生说得很对，我国从1957年起开始举办出口商品交易会，因为地点设在广州，又称“广交会”，以后每年举行春、秋两届。从101届起，“中国出口商品交易会”正式更名为“中国进出口商品交易会”，增加了进口功能。

乔　治：真没想到广交会有这么多年的历史了！

宋　洁：广交会上，集中了全国各进出口总公司和各有关企业、单位，组织了多类出口商品货源，平等互利，展卖结合，进出口结合，当面看样成交。买卖双方都感到省时、省力，既方便又实惠。

乔　治：这实在太好了，这样的贸易场所，高度集中，业务范围广，货源充足，选择性大，想做什么生意就可以做什么生意。

宋　洁：是的，广交会确实是独具中国特色的外贸形式。近年来，广交会又发生了很大变化，已经成了综合性多功能的对外经济贸易场所了。

卡　特：哦，看来，我这次是来对了，我不仅可以大饱眼福，而且可以满载而归。

二、参观展览厅

宋　洁：乔治先生，各层楼都有商品陈列馆和洽谈室，占地12万平方米，陈列着五万多种商品，我们一时无法都参观到，乔治先生最感兴趣的是哪些商品呢？

乔　治：我最感兴趣的是轻工、食品和工艺品。不过，我是第一次来参加广交会，想多看看。

宋　洁：那好啊，我们到处走走，凡是你感兴趣的展馆，就不妨多停留一会儿。

乔　治：这很好。

宋　洁：瞧，我们说着说着，就到了粮油食品交易团的陈列馆了。

卡　特：嗬，好丰富啊，真是五光十色，琳琅满目！

宋　洁：先生们，这里陈列的各类糖果糕点、食品罐头，大都品质上乘，风味独特，包装精美，是送礼的佳品。

卡　特：嗯，我得选购几种带回去请朋友们品尝品尝！

宋　洁：乔治先生，我们到丝绸交易团的陈列馆了。有原料、半成品，也有深加工、精加工的高档产品，花色品种多样化、系列化，是全面了解中国丝绸的最好窗口。

乔　治：啊，好漂亮！真是花团锦簇，美不胜收！中国真不愧是丝绸之国！

宋　洁：乔治先生，我们现在到了高新技术和名优特新产品展区了。

乔　治：这个展区，我倒要好好儿看看。哦，这是海尔！这是长虹！这是美的！嗯，还有小天鹅！

宋　洁：乔治先生很熟悉嘛。

乔　治：哦，这些都是国际知名品牌，我们国家各大市场都有出售。

宋　洁：是的，这些品牌已经远销世界各国。这届交易会在最重要的位置安排了摊位，展示这些品牌的新一代产品。

卡　特：这个展厅很大，都是高新技术产品吗？

宋　洁：是，都是高新技术、高附加值产品，除了家电产品，还有信息产品、音像视听产品、自动化办公产品、医疗器械，等等。

卡　特：都是什么企业的产品？

宋　洁：国内有外贸自主经营权的生产企业和外商投资企业，是这个展区参展的主体。这些年，我国的三资企业发展很快，他们的外贸活动也日益活跃，他们出现在广交会上，一定会吸引更多的外商来华投资。

卡　特：是的，我也要认真研究研究这个问题。

宋　洁：那你得抓紧时机。机不可失，时不再来哟！

卡　特：一定，一定！

宋　洁：乔治先生，这届交易会正在举办几个大型国际研讨会，有没有兴趣去听听？

乔　治：讨论什么问题？

宋　洁："国际市场战略""智能机器人与智能家居的未来""更智能、更绿色——从市场召回看产品设计"等。

乔　治：哦，都是很重要的问题。我们就去"国际市场战略"研讨会会场吧！

宋　洁：好的，我陪你去。这边请！

乔　治：谢谢你！我这次来广州，大开眼界，大饱眼福，真是不虚此行！

生词

1. 衷心	zhōngxīn	heartfelt, wholehearted
2. 祝贺	zhùhè	to congratulate
3. 胜利	shènglì	to triumph
4. 政策	zhèngcè	policy
5. 搞活	gǎohuó	to enliven, to vitalize
6. 增强	zēngqiáng	to strengthen, to enhance
7. 便利	biànlì	convenient
8. 届	jiè	session
9. 结合	jiéhé	to combine
10. 当面	dāngmiàn	to someone's face, in someone's presence
11. 看样	kàn yàng	to examine the sample(s)
12. 高度	gāodù	highly
13. 大饱眼福	dà bǎo yǎnfú	to feast one's eyes
14. 满载而归	mǎnzài'érguī	to come back loaded with fruitful results
15. 陈列	chénliè	to display, to exhibit
16. 平方米	píngfāngmǐ	square meter
17. 轻工	qīng gōng	light industry
18. 停留	tíngliú	to stay
19. 五光十色	wǔguāng-shísè	multicolored, of great variety
20. 琳琅满目	línláng-mǎnmù	a feast for the eyes, a myriad of beautiful objects
21. 糖果	tángguǒ	confectionery, candy
22. 独特	dútè	unique, distinctive
23. 原料	yuánliào	material
24. 半成品	bànchéngpǐn	semi-finished product
25. 花团锦簇	huātuán-jǐncù	bouquets of flowers and piles of silk, rich multicolored decorations
26. 美不胜收	měibúshèngshōu	so many beautiful things that one simply can't take them all in
27. 展区	zhǎnqū	exhibition area
28. 品牌	pǐnpái	brand
29. 位置	wèizhì	position, location

30. 摊位	tānwèi	booth, stand
31. 一代	yídài	generation
32. 医疗	yīliáo	to give medical treatment to
33. 器械	qìxiè	instrument, apparatus
34. 主体	zhǔtǐ	main body
35. 日益	rìyì	increasingly, day by day
36. 抓紧	zhuājǐn	to grasp, to seize
37. 机不可失	jī bù kě shī	don't let slip an opportunity
38. 研讨会	yántǎohuì	symposium, seminar
39. 召回	zhàohuí	to recall
40. 会场	huìchǎng	meeting place, conference hall
41. 不虚此行	bùxū-cǐxíng	the trip is well worthwhile

专　名　Proper Nouns

1. 海尔	Hǎi'ěr	Haier
2. 长虹	Chánghóng	Changhong
3. 美的	Měidì	Midea
4. 小天鹅	Xiǎo Tiān'é	Little Swan
5. 欧盟	Ōuméng	European Union (EU)

练　习

A

真

副词，表示事物性质、状态的程度，同时还表示说话人的感情，用在褒义词前表示赞许，用在贬义词前表示厌恶。

Adverb: really; truly; indeed. It is used to indicate the degree of the quality or state of something. It also expresses the emotion of the speaker. When used before a commendatory term, it shows one's approval; when used before a derogatory term, it shows detestation.

一、熟读下列句子，体会“真”的意义和用法。

1. 哎呀，真香！你的咖啡煮得真好！
2. 嗬，你穿上这身中式旗袍真漂亮！
3. 这种食品包装真够粗糙的。
4. 最近市场疲软，买卖十分萧条，真愁死人了。

二、请用副词“真”改写下列句子。

1. 这座广州对外贸易中心，规模确实太宏大了！
2. 来参加广交会的海外客商实在多啊！
3. 参观完广交会的各个展厅，可是大饱了眼福。
4. 广交会集中了全国各地的名、优、特、尖、新产品，不愧是全面了解中国的窗口。
5. 这次，我来广交会晚了一步，没有完成订货计划，实在太遗憾了。

凡是

副词，表示在某个范围内无一例外，意思是“只要是”。常用“就”“都”“便”“一律”“没有不”等同“凡是”相呼应。

Adverb: It says that within a certain scope there is no exception whatsoever. The meaning is “as long as it is (they are)...”. It often works in concert with 就, 都, 便, 一律, 没有不, etc.

一、熟读下列各句，体会“凡是”的意义和用法，并说出句中“凡是”所指范围。

1. 凡是你感兴趣的展厅，都不妨多停留一会儿。
2. 凡是我们力所能及的，我们都会尽力去做。
3. 凡是我商店出售的商品质量不合格的，都可以退换。
4. 凡是投保的货物，一旦发生保险范围内的损失，我保险公司都负责赔偿。

二、完成下列句子。

1. 凡是孩子需要的，妈妈________________________。
2. 凡是进出口商品，都要________________________。
3. 凡是符合合同条款的，________________________。

4. 凡是有利于发展双边贸易的建议，______________________。

5. 凡是参加过广交会的外国客商，无不______________________。

说着说着

表示状态短暂持续后将发生或出现某种新的情况，表现状态持续的动词常是单音节动词。类似的格式有“走着走着”“听着听着”等。

说着说着 means “while speaking”. It indicates that some new condition will crop up after the present situation lasts for a short period of time. The verb indicating the durative state is often monosyllabic. Similar expressions include 走着走着, 听着听着, etc.

一、熟读下列各句，仔细体会“X着X着”所表示的状态和它后面所出现的情况。

1. 他们谈着谈着，突然都陷入了沉思。
2. 他写着写着，竟不知为什么笑了起来。
3. 说着说着，他们到了丝绸交易团的陈列馆。
4. 在如此琳琅满目的商品面前，他看着看着，不禁连声赞叹起来。

二、请用下列短语各造一个句子。

吃着吃着　　说着说着　　听着听着

谈着谈着　　走着走着　　想着想着

做着做着　　洗着洗着　　笑着笑着

日益

副词，表示程度一天一天加深或提高，意思是“一天比一天更……”，多用于书面语。

It is an adverb meaning “increasingly”, or “day by day”. It is more often used in written Chinese.

一、熟读下列句子，体会“日益”的意义和用法。

1. 中国人民的生活水平日益提高。
2. 中国的市场经济日益成熟。
3. 全球的生态环境日益恶化。
4. 优化产品结构的成果日益显著。

二、请用“日益”和下列短语造句。

1. 业务范围
2. 高新技术
3. 消费者权益
4. 售后服务
5. 商品包装、装潢

B

一、请用下列词语组成短语。

抓紧	祝贺	主体	参展	风味
时机	活跃	独特	衷心	日益

二、熟读下列词语，并选择适当词语填空。

风味独特	满载而归	展卖结合	看样成交
市场繁荣	物美价廉	不虚此行	大饱眼福

1. 中国实施改革开放后，已经出现____________的大好局面。
2. 今年的广州交易会____________，吸引了五洲四海的客商。
3. 各地的糖果糕点____________，我们人人____________。
4. 这是我第一次来参加广交会，真是大开眼界，____________。
5. 中国的日用品、工艺品大都____________。
6. 人们都说，广交会是了解中国的最好的窗口，我们这次来真是____________。
7. 广交会确实是独具中国特色的外贸形式。在广交会上，各个企业____________。

三、想一想，谈一谈。

1. 你参加过广交会吗？谈谈你或你的朋友对广交会的印象。
2. 你品尝过中国的哪些风味食品？
3. 你喜欢中国的工艺品吗？你在广交会上选购过它们作为送礼佳品吗？
4. 你在参加广交会时遇到过什么有趣的事和麻烦？

四、阅读下面的短文，并回答问题。

京 交 会

京交会指中国（北京）国际服务贸易交易会，是一个国家级、国际性、综合型的服务贸易平台，自2012年起每年5月28日在北京举行。

近年来，全球服务贸易快速发展，服务业在全球经济中举足轻重，已占全球GDP的66%，并提供了全球45%的就业岗位，成为世界经济增长的新动力。京交会涵盖世贸组织界定的服务贸易12大领域，包括商务服务，通讯服务，建筑及相关工程服务，金融服务，旅游与旅行相关服务，娱乐、文化与体育服务，运输服务，健康与社会服务，教育服务，分销服务，环境服务，其他服务。致力于成为国际服务贸易的洽谈交易平台、国际服务贸易政策的研讨发布窗口以及各国服务贸易企业的交流合作桥梁。2016年第四届京交会共成功举办了122场活动，达成签约331个，意向签约额达1010.8亿美元，参会的近3万名客商满载而归。

1. 京交会是在什么形势下发展起来的？
2. 京交会与广交会有什么不同？
3. 你参加过京交会吗？印象如何？

英译课文
English Translations of the Texts

Lesson 1 Establishing Relationships

(1) First Meeting

Li Ning: Excuse me, who is Mr. Ross from New York City, USA?

Ross: I am and you are...

Li Ning: My name is Li Ning, representative from China Textiles Import and Export Corporation. The corporation has sent me to meet your delegation.

Ross: Very glad to meet you.

Li Ning: Very glad to meet you too. Did you have a good journey?

Ross: Yes, we were very lucky. The journey was a pleasant one.

Li Ning: That's great. The car is waiting outside. Please follow me this way.

Ross: OK. After you. This is my first visit to China, and we count on your help, Mr. Li.

Li Ning: It's my pleasure. We hope you will have a pleasant experience both in your work and living during your stay in China.

Ross: Many thanks.

Li Ning: Mr. Ross, please allow me to introduce Mr. Wang from China Textiles Import and Export Corporation to you. The corporation has entrusted him to have business negotiations with you.

Wang An: Hello, Mr. Ross. My name is Wang An. I am very glad to meet you. Welcome to China, and I expect a pleasant cooperation between us.

Ross: Hello, Mr. Wang. This is my card. Please allow me to introduce the members of our delegation: my assistant Mr. Jackson, my secretary Miss Brown, and the rest are working personnel of the delegation. Miss Brown will maintain close connection with you. I believe that our cooperation will be successful as well as pleasant.

(2) Inquiring about How to Establish Business Relations

Ross: General Manager Zhang, could you tell me what a foreign firm should do in order to establish business relations with China?

Zhang Xiang: Mr. Ross, how did you begin then?

Ross: Through the introduction of a friend of mine, I got to know a visiting official in the USA who is a person in charge of the Ministry of Commerce of China. On his recommendation, I wrote a letter to the Tianjin Municipal Committee of Commerce, enclosing a catalogue of the goods we would like to purchase. They sent me an invitation, and that's how I came to China.

Zhang Xiang: You did the right thing in exploring the way. But actually, there is a simpler way. You can simply approach Chinese commercial organizations abroad, such as the official commercial offices, various non-governmental corporations and their subsidiaries, or their overseas agencies, and ask for a copy of the introduction to China's various specialized corporations. You can then write to a certain corporation according to your needs, and they will contact you.

Ross: What kind of information do I have to provide them with?

Zhang Xiang: Your scope of business, together with the list of goods you either want to buy or to sell.

Ross: Oh, I see. This is really a much simpler way of establishing relationships.

(3) Channels of Establishing Business Relations

Ross: General Manager Zhang, what are the channels of establishing commercial relations with China?

Zhang Xiang: There are many channels indeed. Apart from what I talked about last time, there still exist such channels as various exhibitions and fairs held abroad, and Canton Fair and other local fairs held by various provinces and municipalities.

Ross: Did you say Canton Fair? I heard about it before. Is it held at Guangzhou?

Zhang Xiang: That's right. It is a large-scale comprehensive trade fair. Foreign trade corporations from all over China take an active part in it, and large numbers of clients from abroad also come to visit the fair and discuss business matters.

Jackson: With the existence of Canton Fair, why is it still necessary for various provinces and municipalities to hold their own fairs?

Zhang Xiang: Each locality has its own advantages, and the local or regional fairs held by them have their special features.

Jackson: That's true.

Zhang Xiang: In recent years, we have frequently held large-scale fairs both at home and abroad for investment and trade, and this is a new channel.

Ross: That's a very good channel, but how can we attend such fairs?

Zhang Xiang: We can serve as a link for you.

Ross: That's superb. It is true that all roads lead to Beijing. Thank you very much, General Manager Zhang, for your introduction.

Zhang Xiang: It's my pleasure to give you some information about China. You are most welcome to do business in China.

Lesson 2 Entertaining Guests

(1) Sending Invitations

Wang An: Mr. Ross, General Manager Zhang of our corporation will host a dinner party in honor of your delegation tomorrow evening at the Beijing Roast Duck Restaurant. I would like to know whether that would suit you or not.

Ross: Thank you. As the Chinese saying goes, the guests are at the host's disposal. And we will follow whatever General Manager Zhang has arranged for us.

Wang An: All right. That's settled then. Here are the invitations. Your presence at the appointed time will be appreciated.

Ross: Thank you for your kind invitation. We feel greatly honored.

Wang An: It's our greatest honor to have your presence. So, we will pick you up at half past six tomorrow evening. Will that be all right?

Ross: Thank you for all the trouble.

Wang An: Don't mention it. No trouble at all. See you tomorrow then.

Ross: See you tomorrow.

(2) At Dinner

Zhang Xiang: Welcome, Mr. Ross. Please take your seat.

Ross: It's very kind of you, General Manager Zhang. Please accept our heartfelt thanks for your very kind invitation. Thank you for your dinner party.

Zhang Xiang: I hope we will spend a very pleasant evening together.

Ross: No doubt about that. From the moment we set foot on Chinese soil, we have been receiving your hospitality and consideration. Every member of our delegation has been deeply moved.

Li Ning: A Chinese saying goes that we should make our guests feel at home. We hope you will really feel at home while you are here.

Jackson: That's well said. The Chinese people are always hospitable. I have also learned a Chinese saying, that is, a hospitable host attracts many guests. And that is to say hospitable hosts always have guests from all directions.

Zhang Xiang: Thank you for your kind words. We do hope to make friends with people from every place of the world. Oh, here comes the roast duck. Let's tuck in while it is still hot. First, please allow me to raise my glass to propose a toast to Mr. Ross and the delegation, and to our forthcoming friendly cooperation. Cheers!

Ross: Cheers!

(3) After Dinner

Zhang Xiang: Mr. Ross, please forgive us if there has been anything inappropriate at tonight's dinner party. (Note: This is typical Chinese modesty.)

Ross: The dinner is superb. My friends and I are all feeling very happy because we have had a most pleasant and unforgettable evening. I think we have tasted the best roast duck in Beijing.

Zhang Xiang: We are very glad to hear these kind words.

Ross: We are very glad too. I know a Chinese saying, which goes: "One who fails to reach the Great Wall cannot be called a true man." I would like to add that one has not been to Beijing until he has tasted Beijing roast duck. Though I have been in Beijing for two days, it can be said that I haven't really been to Beijing until now I have eaten Beijing roast duck.

Li Ning: Mr. Ross has a good sense of humor. But since you have not been to the Great Wall, Mr. Ross, you can't be counted as a true man yet.

Ross: That's true. I must go to the Great Wall because I really want to be a true man.

Li Ning: Great. Mr. Ross, here is the schedule for your delegation. Please read it over and let me know if you have any suggestions.

Ross: Thank you. Can the schedule be changed a little bit? We would like to visit the factory concerned and have a look at the production processes first so that we can have some ideas before we enter into business negotiations.

Wang An: That can be arranged.

Ross: If time allows, can you arrange for us to visit some owners of the private clothing shops? I really want to know something about China's clothing markets and their management ideas.

Wang An: This can also be done. Mr. Ross, you can first be their customers before interviewing them.

Ross: That's a good idea. "How can you catch tiger cubs without entering the tiger's lair?" General Manager Zhang, did I use this proverb correctly?

Zhang Xiang: Mr. Ross deserves the title of China hand. I hope you won't be eaten by these "tiger cubs".

Ross: I surely won't. The schedule is settled then.

Wang An: Good. Thank you again, Mr. Ross, for your presence. Wish you success, Mr. Ross. Goodbye.

Lesson 3 First Contact

(1) Prelude to Communication

Zhang Xiang: Mr. Ross, I am very glad to see you again. Please be seated.

Ross: Thank you. I am also very glad to meet you once again, General Manager Zhang, and your colleagues.

Zhang Xiang:	How were the visits during the last two days?
Ross:	We were deeply impressed. China is really a beautiful country.
Jackson:	We didn't expect the abundance of merchandise on the Chinese markets. You can find whatever you can think of.
Ross:	What surprised me most were the markets of textiles and garments. Going into markets big or small, walking into streets and lanes wide or narrow, you can see vendors of garments. I seemed to have entered a kingdom of garments.
Li Ning:	Mr. Ross, what you said was absolutely right. As a matter of fact, China is the biggest apparel exporting country in the world.
Ross:	The purpose of our present visit is to negotiate the import and export of garments. It looks that we have come to the right place.
Jackson:	We hope we can get great support from your company.
Zhang Xiang:	We'll do whatever we can to help. Although this is the first time we come into contact, I believe that we can soon become real friends.
Ross:	Real friends, fantastic. Let us trust, help and support each other.
Zhang Xiang:	This is our country's foreign trade policy that we have always adhered to, making friends extensively on the basis of equality and mutual benefit, and the exchange of needed goods.

(2) Inquiring about Each Other's Business Scope

Zhang Xiang:	To be frank, Mr. Ross, we still do not know much about your company.
Ross:	That's not surprising as ours is not a big firm and it is not widely known yet.
Jackson:	But we have been doing well domestically and we will become a business partner that is of interest to you.
Zhang Xiang:	What major items does your company deal in then?
Jackson:	We mainly deal in textiles, including cotton, ramie, wool, silk, chemical fabrics, various yarns, cloths and products made of these materials.
Li Ning:	These fall within our main business scope too.
Ross:	We hope to be able to import textiles from your country and also to export our textiles to your country.

Zhang Xiang: That's called reciprocity and the exchange of needed goods.

Ross: That's right. But this is our first visit to China, and we need to do some market investigation in China so that we can know how things stand when we do our import and export business.

Zhang Xiang: It's not surprising that you would like to make those adjustments to the schedule as the main purpose of your present visit is to do market investigation.

Jackson: That's correct. We have to know what goods are suitable for the market.

Li Ning: That's really important. The companies will go bankrupt if they can't sell their goods.

Ross: Even after doing some investigation, it is better that we order some goods for trial sales. So we are prepared to place an order this time.

Zhang Xiang: We can see that you are serious and conscientious in doing things. That makes us feel that you are trustworthy.

Ross: Thank you for this impression of yours.

Zhang Xiang: We have always held that there can be no real cooperation without trust.

Ross: That's well said. We have already had a good beginning.

Jackson: There is one more thing we'd like to bother you about.

Zhang Xiang: Go ahead, please.

Jackson: Entrusted by a friend, we would like to know something about your handicrafts, metal fittings and ready-made traditional Chinese medicines.

Li Ning: You know that these items do not belong to our scope of business, but we can act as a go-between for you.

Jackson: Many thanks.

Zhang Xiang: You are most welcome. Shall we take a rest now?

Ross: That would be great. Let's go and have a cup of coffee.

(3) Touching Upon Items of Interest

Zhang Xiang: Now we can sit down and continue with our discussion.

Jackson: Coffee is really a good thing, as it excites you.

Ross: Oh, but what makes us happier is our Chinese friends.

Zhang Xiang: Thanks. I think you must have brought with you an order list when you come to China, and you went to have a look at the Chinese market in the past couple of days. Have you formulated any plan already?

Ross: Yes, I think we have found the needed goods that suit our markets.

Jackson: We are particularly interested in your pure cotton goods and silk products.

Zhang Xiang: You are men of considerable vision. As a matter of fact, our pure cotton goods and high-grade silk products are very popular all over the world.

Ross: That we know. But please excuse me for my speaking bluntly. In such fields as the technological level, design, color and variety, they still fall short of the expectations of the customers in our country.

Li Ning: We are clear about that and we have been working hard to increase the technological content and the extra value of our products.

Ross: We can cooperate in this respect. We can make investment to have a factory built in China.

Jackson: We have advanced equipment, production process and the technology needed.

Zhang Xiang: Yours is a good idea. We can make a feasibility study about it.

Ross: That's great. I believe there will be a bright prospect of cooperation between us.

Lesson 4 Intention of Buying and Selling

(1) Discussion about the Products

Ross: General Manager Zhang, this time we would like to order some textiles for trial sales in our country. Could you show your designs and patterns to us?

Jackson: It would be even better if you could provide us with some samples and catalogues.

Li Ning: Oh, here are the catalogues. We can go to the sample room to have a look at the samples after our meeting.

Ross: You know that we are most concerned about the quality of the products.

Zhang Xiang: In recent years the science and technology in China's textile industry has been developing fast and the capabilities of product research and development have been noticeably improved, resulting in the development of a large batch of natural, environment-friendly and fashionable materials. The finished products also develop towards finer and deeper processing.

Ross: That's good news.

Li Ning: Products like high quality pure cotton knitting goods, real silk fabrics, worsted woolen fabrics of 180—200 counts, and those made of natural fibres such as bamboo fibre, soybean protein fibre, and milk casein fibre are all very popular on the markets both at home and abroad.

Ross: I'm glad to hear that. These are just what I'm looking for in China.

Jackson: Can you explain them in detail?

Li Ning: Take milk casein fibre as an example. There are fabrics made of long and short fibres, which are light, soft, ventilative, hygroscopic and cool, and they have the effect of protecting and nourishing the skin. Therefore it is especially suitable to make children's clothing and women's underwear.

Jackson: As far as I know, the prospect of the textiles made of the milk casein fibre is very good.

Li Ning: Yes. The high-grade worsted woolen products currently developed with high-technology in China not only maintain the merits of traditional woolen fabrics, but also are machine washable. So you can wash it in your washing machine at home.

Ross: That's great.

Zhang Xiang: China is abundant in bamboo. Fabrics made of bamboo fibre also have a broad prospect. Besides, we also produce various best-selling high-grade fabrics for interior decoration which are flame-proof, light-proof, heat-proof, thermally-insulated, dirt-proof and anti-static.

Ross: The textiles made by your company are rich in color and pattern and can meet the customers' needs.

Li Ning: Mr. Ross, China's textile and garment industry can provide outside materials and clothing of any kind and any quality with the most competitive prices. This has aroused high attention from large-scale textile companies and retailers worldwide. They have come to China to look for partners one after another.

Ross: We know. So we don't want to lag behind. Let's go to see the samples.

Li Ning: Fine. Let's go.

(2) Talking about Prices

Ross: General Manager Zhang, I am really surprised. The quality of your samples is extremely good.

Zhang Xiang: What's your intention then?

Ross: I have already stated our intention to you, General Manager Zhang. We are thinking of ordering some high-grade silk and pure cotton products. But after reading your catalogues, we feel that the prices are too high to be acceptable.

Jackson: I wonder whether you can quote us more preferential prices.

Zhang Xiang: These products supplied by our corporation are of top quality with completely new designs. They have been well received since they were first put on the market. Actually they are among the best selling superior commodities of our corporation.

Ross: But the prices are too high. Aren't you afraid that they will scare away new clients like us?

Zhang Xiang: At the present prices, the customers are still scrambling to buy them and that shows the prices are quite reasonable. I believe that you will not be scared away.

Jackson: Are the prices on the price list firm offers?

Li Ning: No, they aren't, because many things remain to be discussed. The prices are subject to our final confirmation.

Jackson: What are the factors that contribute to your final decision then?

Zhang Xiang: It mainly depends on the quantity of your purchase. If the amount of your order is substantial, the price can be reduced. So to facilitate our offer, could you please give an indication of the approximate amount you would like to purchase?

Ross: Could you give a minimum price on C.I.F. San Francisco basis first? If your prices are favorable, our amount of order will not be a small one.

Zhang Xiang: Oh, this is just like playing chess. Someone must take the first move. If each is waiting for the other to begin, there will be a deadlock.

Ross: I like your metaphor, General Manager Zhang. When Greek meets Greek, I hope the game will end in a draw.

(3) Agency and Being Independent in Management

Ross: Excuse me, General Manager Zhang, but we would like to go to see a couple of other companies.

Zhang Xiang: That's all right. It's understandable.

Ross: Then, can you introduce one or two companies to us?

Zhang Xiang: Yes, we can. In the past the import and export business was monopolized by national specialized foreign trade corporations and there was only one corporation for the textiles business of the whole country—our corporation.

Jackson: That is to say, we could only deal with you.

Zhang Xiang: That was true. But now the situation has changed. Our country has pushed forward the agency system in our foreign trade. Some productive enterprises entrust us with their import and export business, and even more productive enterprises and foreign trade companies have obtained the independent right in management of their own foreign trade business.

Ross: That means that we can deal with more enterprises and companies from now on, is that right?

Zhang Xiang: That's right.

Jackson: Then can you introduce a few more to us?

Ross:	Especially those productive enterprises that can handle their own import and export business independently. Maybe they can meet some of our special requirements in product design, variety, and quality.
Zhang Xiang:	OK, we'll get in contact with them.

Lesson 5 Holding Talks about Price

(1) Inquiring and Offering a Price

Smith:	Mr. Chen, we plan to place an order of 50 tons of peanut kernels. Would you please briefly introduce your goods and prices?
Chen Qiran:	OK. We sell peanut kernels by samples. Mr. Smith, you can first have a look at our samples and the price list.
Smith:	Well, these peanut kernels are plump, even, and fresh with a delicious taste. They really are of good quality. Can you guarantee that the goods supplied will be of the same quality as the samples?
Chen Qiran:	You can rest assured about that because we always keep our word and honor our contracts.
Smith:	We have no doubt about that, but the price of US$ 1 800 per ton is too high to be acceptable.
Chen Qiran:	That is our C.I.F. price, which includes cost, insurance and freight. If we can make a deal, we can deliver the goods to Los Angeles by the end of next May.
Mary:	But the price is too high for us to push the sale.
Chen Qiran:	Our peanut kernels have for many years enjoyed a brisk market all over the world. Even if the price is a bit higher, there won't be any problem in selling them.
Mary:	But you know, Mr. Chen, there is fierce competition in the market. The price for Indian peanut kernels is much lower than yours.
Chen Qiran:	I don't deny that. But just as the Chinese saying goes, so long as one compares it with other things of the same kind, one will see the difference. Mr. Smith, you are an expert in this line and I am sure you can make the distinction.

Smith: All right. I'll think about it.

(2) Counteroffer and Counter Counteroffer

Chen Qiran: Mr. Smith, what do you think of our offer yesterday?

Smith: Mr. Chen, after a careful study, we still think that your offer is too high. If you do not see your way to lower the price, we cannot but give it up.

Chen Qiran: I don't think it is wise for you to do so. We can still negotiate. How about giving us a counteroffer?

Smith: We think that US$ 1 650 per ton is reasonable.

Chen Qiran: Mr. Smith, your counteroffer is much too low and it is too far away from our original offer. It seems it is really difficult for us to come to terms.

Smith: I believe in the sincerity of both sides. Can't we make a compromise with each other?

Chen Qiran: I agree to that. If you can increase the amount of your order, we can reduce our price by 5%.

Smith: Mr. Chen, I am afraid that will be difficult. You know that the present international market is slack and bearish. What's more, peanut kernels deteriorate easily. We will be running big risks if we place too big an order. I hope you can understand.

Chen Qiran: It is true that the present market is a bit dull, but we are optimistic about the future.

Smith: In this case, can you deliver the goods in several lots? If so, we can raise the price by 5% per ton.

Chen Qiran: This is still much too low. Let's make it US$ 1 700 per ton. That is the lowest we can go.

Smith: The gap between us is still a big one. It seems both sides need more patience if we want to make a deal.

(3) Concession and Conclusion of a Transaction

Chen Qiran: Mr. Smith, what do you think of our quotation list?

Smith: Mr. Chen, I have noticed that your prices this year are much higher than those of last year. Can you explain the reasons?

Chen Qiran: In recent years, the prices of chemical fertilizer, water and electricity have all been raised, resulting in much higher costs for agricultural products. We have to make corresponding adjustments in our selling prices.

Smith: This I can understand. But you should try to find other methods to lower the product costs, and cannot simply transfer the increased prices of chemical fertilizer, water and electricity entirely onto the clients. If you do this, then your products will find no sale.

Chen Qiran: Mr. Smith, please note that the prices for the same kind of products in the international markets have all gone up from last year's level, and by a bigger margin than ours too. Relatively speaking, the prices of our products are inexpensive. What's more, the exchange rate of your currency has been falling continuously. This we cannot neglect either.

Smith: That is true. But your offer is too harsh on us. Could you make some further concessions?

Chen Qiran: Mr. Smith, you mean to say that ...

Smith: We hope that you can reduce your price by another 5%.

Chen Qiran: You mean we have to cut a total of 10% from the original quotation? That won't do. We can't do money-losing business, you know.

Smith: What about 8%?

Chen Qiran: If you could increase the quantity of your purchase by 20%, then we can agree to a further reduction of 3%. That's the lowest price we can quote.

Smith: OK. Let's make a deal.

Lesson 6 Discussion about Variety and Quantity

(1) Ordering Goods

Smith: Mr. Chen, I have an order list here for metal fittings. Please have a look and see whether you can guarantee supply.

Chen Qiran: Oh, they are all reputable famous-brand products.

Mary: That's right. Such goods as drawer locks of Brand 808, Triangle's stainless steel tableware, nail clippers of Brand 555, Spear's scissors all have a ready market in our country. Every year our firm buys a large quantity but they are always sold out. So we hope you can satisfy our needs this time.

Chen Qiran: Metal fittings are among the daily necessities required by numerous households but at the same time they are goods with a very small profit margin. In recent years, since the market has opened to competition, many factories have turned to producing more profitable commodities, such as computers, and cell phones. They are reluctant to produce metal fittings. There is an unprecedented shortage of supply, which fails to meet demand. Therefore, it is rather difficult for us to meet your requirements, Mr. Smith.

Smith: Mr. Chen, we are a long-time client of yours and you have to make allowance for us. As long as the quality is stable and the supply is guaranteed, we can assure you of our good prices too.

Chen Qiran: Well, if your prices are favorable, we'll approach the factories, asking them to produce famous-brand goods. We can guarantee that the quality will be first class and the goods be rich in variety and design. Mr. Smith, could you please talk about your favorable conditions in detail?

Smith: As for this... I think, first we will consult and follow the international market quotation, and secondly we will fix the prices according to the quality. Can we first have a look at the samples? Anyway, we guarantee good articles fetch high prices.

Chen Qiran: That sounds reasonable and we can agree to that. However, we have another request. You have to guarantee an adequate minimum quantity for your order. If the minimum order quantity is too small, then it will be very difficult for us to secure the supply of goods.

Smith: All right. We will definitely take that into consideration.

(2) Order Quantity

Chen Qiran: Mr. Smith, I am sorry that because of a bad harvest we can only supply 600 boxes of the top-grade Maojian tea, which you would like to purchase.

Smith: Mr. Chen, the top-grade Maojian tea that we bought from you last year sold well. This year, we would very much like to increase the order quantity. 600 boxes can hardly meet our needs. Since we are an old client of yours and we have a long-standing relationship, could you give us a special favor by increasing the quantity by 100 boxes?

Chen Qiran: We have done our best to ensure the supply of 600 boxes. I am really sorry, but we are unable to meet your request. I hope that we can satisfy you next time.

Smith: If not 100 boxes, how about 50 boxes? This is the minimum quantity of our order.

Chen Qiran: All right then. We'll add 50 boxes. Mr. Smith, Fujian oolong tea has had a good harvest this year and we suggest you buy some.

Mary: I hope it is not a slow-selling commodity.

Chen Qiran: Oolong tea is also a famous Chinese tea. It is not only a drink, but also a nutritious tonic with special curative effects. Frequent drinking of oolong tea is good for the health. It has won a warm welcome from our foreign friends.

Smith: In that case, we can accept your suggestion. What is the minimum order quantity then?

Chen Qiran: Mr. Smith, since you are our old client and we didn't meet your demand in the top-grade Maojian tea, we would like to make up the difference with oolong tea so that the total volume of transaction remains virtually unchanged.

Smith: Thank you for your kind consideration. That's settled then.

(3) Canceling the Order

Smith: Mr. Chen, because of the changes in the market quotation, we would like to cancel the order we placed with you last week.

Chen Qiran: I don't think that is a proper thing for you to do. Both of us have always kept our word and honored our contracts.

Smith: That is true. This time we really have no other alternative. I hope you can understand.

Chen Qiran: What is the reason then? Can you give a reasonable explanation?

Smith: Mr. Chen, you know perfectly well that the international sugar market has been dull for a long period of time and the demand has been falling sharply. This week the price of sugar has fallen to the year's lowest level, registering a fall of US$3.60 per ton in one week. If we continue to take delivery according to our agreement reached last week, we'll have to suffer a great loss. Luckily we haven't signed the contract yet, so we can bring the matter up for adjustment.

Chen Qiran: This situation was already taken into consideration during our negotiations last week and the final price at which we concluded business was actually very favorable.

Smith: That is true and we appreciate it very much. However, during the present week, the sugar market situation has become extremely grim and we cannot but take some corresponding measures.

Chen Qiran: The market situation is undergoing drastic change in the twinkling of an eye, and we believe it will turn for the better before long.

Smith: Mr. Chen, as businessmen, we are practical as well as adventurous. I hope you can understand.

Chen Qiran: All right then, we can agree to your request. However, we have some other goods in ample stock. Can you order some of those so as to sustain the total value of the transactions concluded?

Smith: Fine. Courtesy demands reciprocity and it is impolite not to reciprocate. You can understand us and we can understand you. Let's go on to talk about another deal.

Lesson 7 Discount and Commission

(1) Asking for a Discount

Roden: Mr. Li, after your consideration, what decision have you made concerning the question of discount?

Li Ning: In principle, we do not give any discount.

Roden: I am afraid that does not conform to the usual practice. The total amount of our purchase this time is substantial. According to convention, we are entitled to at least a 10% discount.

Li Ning: The total amount of your purchase this time is not small but they are all fast-selling goods. They can be sold quickly with a big profit margin. What's more, our price is most favorable and it actually amounts to a discount. Therefore we cannot give a further discount.

Roden: I am sorry to hear that. It is most unfair to us.

Li Ning: If you can further increase your order quantity, then we may consider offering you a discount.

Roden: All right then. We'll increase our order by 10%.

(2) Disputing on Discount

Roden: Mr. Li, we have ordered 100 000 quartz clocks from you. How big a discount do you plan to offer us?

Li Ning: 2% from the net price.

Roden: Isn't that too low? We can obtain a 10% discount from other countries when purchasing similar goods.

Li Ning: I don't think you should forget, Mr. Roden, that our price is most favorable and we have taken the discount into consideration. If you can, according to the contract stipulations, effect payment in full ahead of time, we can reduce the net price by another 2%.

Roden: Mr. Li, our order this time is for new products that are for trial sale. That involves greater risks. In order to help open the market, will you please offer a bigger discount?

Li Ning: We can consider this proposal. We'll make an exception to offer you still another 2% discount. Thus the total discount is already more than 5%. To tell the truth, this is really an exceptional treatment.

(3) Asking for Commission

Jones: Mr. Zhang, this time I helped you in securing the deal. What commission are you planning to grant me?

Zhang Xiang: I am sorry to say that according to our regulations, we do not offer any commission in principle.

Jones: Mr. Zhang, I would like to call your attention to the fact that not to grant commission does not conform to the international trade practices.

Zhang Xiang: Mr. Jones, we give remuneration only to intermediary businessmen and agents.

Jones: That's exactly the case. You know perfectly well that we are but your agent.

Zhang Xiang: OK, then. We can, according to the volume of business and the nature of the goods, pay you a certain service charge.

Jones: No, I would rather be paid a commission that we are justifiably entitled to. You know, Mr. Zhang, ours is a firm that carries on commercial activities through obtaining reasonable commission.

(4) Disputing on Commission

Jones: Mr. Zhang, as a sales agent for your products, we are concerned about our commission.

Zhang Xiang: That's perfectly understandable to us. But we have made our price most favorable to you, and therefore the commission should be reduced accordingly. What do you think if we make it 1%?

Jones: 1%? Are you kidding? Generally we get a 3% commission for each transaction. This time the volume of business is very large, so we deserve a commission higher than 3%. On the contrary you are only prepared to offer us a 1% commission. Isn't it unreasonable?

Zhang Xiang: We all know that commission is calculated as a proportion to the volume of business, and so, the larger the transaction, the more you will get for commission.

Jones: You cannot simply put it that way. In order to promote the sale of your products and secure the market share, we have to hire a few more salesmen, and spend more on advertising. Therefore, the larger our order quantity, the higher the cost we'll have to pay. We are entitled to some corresponding compensation.

Zhang Xiang: You are compensated from your proportional commission.

Jones: But that is far from enough to compensate for our cost.

Zhang Xiang: I would make the following suggestion. If you can increase your order quantity, we can consider offering you another 1% commission.

Jones: We cannot accept the additional condition of yours. 1% commission is unprecedented in international trade, I am afraid.

Zhang Xiang: I don't think you can find another case for a price as low as we quoted either. If you insist on raising the commission, then we'll have to adjust our price somewhat. Mr. Jones, which way do you think is more reasonable?

Jones: It seems that we have very different ways of thinking and doing things and it is really regretful that it should be so difficult to bridge the gap.

Lesson 8 Modes of Payment

(1) Selecting the Currency for Payment

Li Ning: Mr. Ross, we would like to use renminbi in payment for our imports this time.

Ross: I am sorry to say that as a rule we use US dollars to calculate the price, as it's more convenient.

Li Ning: As a matter of fact, to use renminbi to effect payment is not inconvenient either. Many banks in Europe have accounting dealings with the Bank of China, Beijing.

Ross: Since we are not familiar with this practice, it is easier to do it in US dollars.

Li Ning: Oh, the formalities are actually very simple. We have built a worldwide Cross-border Interbank Payment System (CIPS). All you need to do is to negotiate in banks of your country that have accounts with Bank of China, which is convenient, fast, safe and efficient.

Ross: To be frank with you, we are worried that by using renminbi in payment, our firm will suffer losses because of the fluctuations in the international exchange rate.

Li Ning: Mr. Ross, you don't need to worry about that. We have perfected the middle rate formation mechanism of RMB against dollar. With the more market-oriented RMB exchange rate formation, the exchange rate becomes very stable.

Ross: All right then. We'll try it once.

(2) Modes of Payment

Ross: Mr. Li, what modes of payment do you normally use?

Li Ning: Normally we accept payment by irrevocable letter of credit. You can effect payment against the shipping documents that you have received.

Jackson: Do you accept D/A?

Li Ning: I am sorry that we can't agree to that.

Jackson: Our firm has always been creditworthy in business. Once we receive the draft, we will accept it. And we will pay as soon as it is mature.

Li Ning: We do believe in what you said but we will be running great risks. An irrevocable letter of credit is much safer for our collection of foreign exchange. I hope you can understand, Mr. Ross.

Ross: Mr. Li, to open a letter of credit for such a large sum of money will involve a large expense, that is, we must pay a considerable sum of money as a deposit apart from the service fee. This will undoubtedly raise the price of our imported goods and that will in turn affect the sale. I hope you can take all this into consideration.

Li Ning: I am sorry to say that just because the value of this transaction is very large and the present financial market is unstable, in order to ensure security, we cannot but use payment by letter of credit.

Jackson: What about D/P then?

Li Ning: Same as D/A, D/P doesn't provide a reliable guarantee from the bank. It is just that our risks are a bit smaller. I am sorry to say that we do not accept D/P either.

Ross: All right then. But you must also fulfill the terms as stipulated in the irrevocable letter of credit.

Li Ning: That goes without saying. We will deliver the goods in time and try to advance it if possible. Will you please ensure that your letter of credit reaches us 30 days prior to the date of shipment so that we can make the necessary arrangements?

Ross: That can be done.

Li Ning: We have another requirement. Please see to it that the period of

	validity of your letter of credit is 15 days from the date of the signing of the bill of lading, and that the L/C is marked with the "Place of Expiry" and "valid in China".
Ross:	All right. We'll see to that.

(3) Payment by Installments

Wang Jin:	Mr. Green, the value of our imports this time is a large amount and we would like to use payment by installments. We hope we can have your cooperation in this respect.
Green:	Mr. Wang, taking into consideration your actual difficulty and in view of promoting our trade relations in the future, we agree to payment by installments this time. However, to advance for such a large sum of money constitutes a heavy pressure on the turnover of our funds. We hope that you can pay a considerably large proportion as down payment.
Wang Jin:	That can be considered. After the official signing of the contract, we can pay half of the value as down payment, and the entire balance will be paid in two installments. Will that be all right?
Green:	That's fine. Tomorrow we'll prepare a time draft for your acceptance. You can return it to me after it is countersigned by the Bank of China, Beijing to confirm your acceptance.
Wang Jin:	All right. As long as you can make the delivery in time and see to it that the quality and specifications of the goods conform to the contract stipulations, we guarantee that the bank will effect payment when the draft accepted by us is mature.
Green:	In order to clarify the contractual rights and responsibilities of both parties, we hope that the contract will clearly stipulate the quantity and date of each shipment and the details concerning payment.
Wang Jin:	No problem about that. Our corporation has always abided by the stipulations of the contracts we sign with foreign businessmen.

(4) Compensation Trade

Wang Jin:	Mr. Green, we would like to adopt the mode of compensation trade for our import of the equipment for the opencast coal mine. Is that

all right?

Green: The equipment under discussion this time is to develop your opencast coal mine. The coal produced by this mine will be high-grade flenu coal for power generation, which has a low phosphorus and sulfur content and a medium ash content. We will be pleased to sell this kind of coal in our country. Therefore, we do not have any objections in principle towards the adoption of compensation trade for this transaction.

Wang Jin: Good. Mr. Green, would you like direct compensation trade or comprehensive compensation trade?

Green: We would prefer direct compensation trade, simply because the energy crisis is an important factor affecting the economy of our country. Such good quality coal is not easy to obtain and we hope that you can pay for the total value of this transaction with the coal that will be produced with our equipment.

Wang Jin: Mr. Green, what you said is absolutely true. We also need the high-quality coal produced by this mine, and therefore, we prefer comprehensive compensation trade.

Green: Do you plan to supply other clients with this coal? If that's the case, then we should be given priority.

Wang Jin: Even if we are planning multilateral trade, it is perfectly normal. However, at the moment, we have not talked with any other clients about exporting this product. I would like to reiterate that we do need this coal too. I hope you can understand, Mr. Green.

Green: OK, then. Let's adopt comprehensive compensation trade. But we do hope that you can make the part for direct compensation trade as big as possible and reduce the part for indirect compensation trade.

Wang Jin: We agree to this principle.

Lesson 9 Delivery and Shipment

(1) Date of Delivery

Ross: Mr. Li, how long does it normally take you to deliver the goods?

Li Ning: Generally we can get the goods ready for shipment 30 days after receiving the letter of credit.

Jackson: Can you expedite shipment in the case of seasonal goods?

Li Ning: It all depends. If the factory is heavily committed and alternative arrangements cannot be made, then it would be difficult to ship the goods ahead of time.

Ross: Timing is most important for seasonal goods. If they do not arrive in time for the selling season, even best-selling goods will become unsalable, and they will have to be disposed of at reduced prices and we will suffer great losses.

Li Ning: I fully understand your point and we will guarantee delivery on schedule. As to whether we can make delivery ahead of time, we'll have to consult the producers. I reckon there will be some difficulties.

Jackson: Mr. Li, I hope you can give our case special consideration.

Li Ning: We will do our best. But anyway we definitely cannot make delivery of the goods before September 15th because that is really beyond our ability.

(2) Date of Shipment

Li Ning: Mr. Ross, today we are going to discuss matters concerning shipment.

Ross: Fine. Would you please give your opinion first?

Li Ning: As this transaction is concluded on the basis of F.O.B. terms, it goes without saying that the port of shipment is a Chinese port. Only if you send a vessel in time for the shipment, can we fulfill our contract to the full. If you fail to dispatch your vessel in due time, you will be held responsible for all the losses we thus incur.

Ross: We don't have any objection to this. The date of shipment stipulated in the contract is prior to May 30th next year. When can you get the goods ready for shipment then?

Li Ning: 30 days after we have received the letter of credit.

Jackson: Can't it be put forward a bit?

Li Ning: I am afraid that will be difficult. We need ample time to get the goods ready, make out all the necessary documents, and go through the customs formalities.

Ross: OK, then. As soon as we get back, we'll arrange for the letter of credit to be opened. We hope that upon receipt of our letter of credit, you will inform us by fax without delay of the specific time of shipment so that we can dispatch a vessel for the loading of the goods.

Li Ning: We will see to that. We also hope that upon receipt of our shipping advice, you will inform us without delay of the time of the ship's arrival so as to facilitate our arrangement for the transportation and shipment of the goods.

Ross: No problem about that. I trust we will enjoy each other's full cooperation.

(3) Bill of Lading

Li Ning: Mr. Ross, shouldn't we have the matters fixed concerning the bill of lading as well?

Ross: This is exactly the question we are about to raise now. We hope that it can be stipulated in the letter of credit that the seller shall send one of the three original copies of the bill of lading direct to the buyer.

Li Ning: I am sorry that we cannot agree to this request about one-third of the original bill of lading.

Ross: Why?

Li Ning: According to the international convention, the three original copies of the bill of lading are equally valid. In that case, you can take delivery without paying the bank to get the shipping documents, and we may not be able to collect payment for the goods, thus incurring losses of having neither the money nor the goods.

Ross: You don't have the most fundamental trust in us.

Li Ning: Please don't feel offended, Mr. Ross. We simply want to avoid unnecessary disputes concerning the bill of lading.

Ross: OK. We'll waive this request. Then, what about demurrage and dispatch?

Li Ning: I think we should indicate the daily quantity of loading and unloading in the additional terms of the contract.

Jackson: There should be clear stipulations about the time of loading and unloading as well. According to our practice, the loading and unloading is carried out continuously for 24 hours in a fine day, excluding festivals and holidays.

Li Ning: I think it is better to make it clear in the contract that holidays are included if they are used, and excluded if they are not used. In this way, it is more flexible and disputes can be avoided in the subsequent calculation of demurrage and dispatch.

Ross: Fine. I can agree to all these principles. Now let's get down to the discussion of the details.

(4) Installment Shipment and Transshipment

Li Ning: Mr. Ross, we have negotiated a big transaction involving large quantities. I hope we will be allowed to make installment shipments.

Ross: I am afraid that won't do because they are all seasonal goods and we hope they will all arrive at the same time so that they can be sold in the selling season.

Li Ning: We can guarantee that they will all arrive on schedule. However, as the goods are not produced by the same factory, we have to collect them in several Chinese ports for shipment.

Jackson: How many installment shipments do you want to make then?

Li Ning: Can we leave this open and just put "installment shipments allowed" in the contract?

Ross: All right then. But I hope that you will reduce the number of installment shipments to the minimum, and guarantee that all the goods will arrive on schedule.

Li Ning: Thank you, Mr. Ross, for your cooperation. There is another problem. This transaction was concluded on C.I.F. basis, but our country does not have seagoing vessels sailing direct to the destination designated by your firm. Therefore we'll have to arrange for transshipment en route.

Jackson: Mr. Li, transshipment en route will prolong the time of marine transportation, increase the expenses for the sake of transshipment and cause unnecessary damage. Mr. Li, I hope you can take all these adverse factors into consideration.

Li Ning: We already have, but only transshipment will enable the goods to arrive at the destination you designated unless you choose another destination that will suit both parties.

Ross: Well, let's study this suggestion of yours then, Mr. Li.

Lesson 10 Packing

(1) Packing and Packaging

Chen Qiran: Mr. Smith, today we'll discuss matters about packing.

Smith: Fine. This is a very important question that we need to discuss in detail.

Chen Qiran: We know that packing, as an important component of the goods, has at least three major functions, namely, to protect the goods, to facilitate storage and to pass on information.

Smith: Whether it is the outer packing or the inner packing, they need to have at least these three functions. Let's begin our discussion according to this principle.

Chen Qiran: In that case, shall we discuss the inner packing or the outer packing first?

Smith: What about starting with the inner packing, that is the packing for the sale of the goods?

Chen Qiran: That's fine. You have examined our samples, and what is your impression of our inner packing?

Smith: In the present international market, there is fierce competition between similar products, and the packing and packaging play an important role in the successful promotion. I hope your firm can attach importance to this law of the market.

Chen Qiran: Just as the statue of Buddha needs to be painted gold and humans need fine clothes, goods need good packing. Well, Mr. Smith, do you mean to say that you are not satisfied with our packing?

Smith: Please excuse me for my speaking bluntly. If the goods are of first-rate quality but with second-rate packing so that they can only be sold at third-rate prices, then the goods are not competitive in the market.

Chen Qiran: We've had a bitter lesson in neglecting the packing in the past. It used to be heavy, cumbersome, coarse, ugly and unappealing, and was not convenient for storage or transportation so that every year we suffered great losses due to improper packing.

Mary: Packing is also an important means in raising the extra value to the goods. If the goods are of first-rate quality but with second-rate packing, then they can only be sold at third-rate prices. This kind of latent economic loss is even more serious, I am afraid.

Chen Qiran: That's right, and so we are now paying great attention to this matter.

Mary: This is good news.

Chen Qiran: In recent years, great improvements have been made both in our packing and packaging. Just take our exported tea as an example. By changing the coarse and bulky packing to the convenient and exquisite small one, the price of Chinese tea on the international market has been raised by 10% to 50%.

Smith: Yes, we have noticed that in recent years the packing of Chinese goods has become much lighter and finer. The pop-top cans for Coca-Cola, the cans for Nescafe, and the packing for foreign famous-brand soft drinks are all made in China and they have attained the packing level of similar products abroad.

Chen Qiran: Oh, Mr. Smith, it seems that you know about the Chinese packing industry like the palm of your hand.

Smith: Oh, it won't do if I don't.

(2) Packing and Transportation

Chen Qiran: Mr. Smith, we have had quite a bit of discussion about packing. Do you still have any specific comments about it?

Smith: The tea bags we ordered this time are packed in top-grade filter paper free from toxin and odor, and they are healthy and easy to make. I am satisfied.

Chen Qiran: What about the canned tea?

Mary: The canned tea is packed in finely processed cans that are airtight and easy to open.

Chen Qiran: And the packaging?

Smith: Generally speaking it is well designed, with Chinese national characteristics and in conformity with the psychology of the consumers in our country. They have an antique flavor and are extremely modern at the same time.

Chen Qiran: It seems that there is something you are not satisfied with, Mr. Smith.

Smith: The instruction on the label is too simple. From the outside, one can only see the name and origin of the product, but not some other important kinds of information such as the content of the ingredients, with or without artificial coloring, additives or antiseptics, the date of expiration, date of production, method of use, etc.

Mary: In our country, the customers won't pay out of their own pockets if they don't understand the goods. Thus you have given up a very good chance of advertising by products.

Chen Qiran: Unfortunately, the rice has been cooked.

Mary: You can cook another pot of rice to make perfect the packing materials, packing design and printing, achieving the result of immediate attraction of the customers so that once they see the products they cannot tear themselves away until they have made the purchase.

Chen Qiran: We'll do our best to persuade the manufacturers to do so. I believe that it is also their desire to have attractive packing for their products, and that can add to the value of the goods as well.

Smith: OK. That's settled. Now we can talk about the outer packing, that is, the packing for transportation.

Chen Qiran: Oh, Mr. Smith, you can rest assured about that. This batch of goods

	will be packed in high-quality secure plywood cases, each lined with aluminum foil, and strengthened with two straps outside. Nothing can go wrong in ocean transportation.
Smith:	That's good. With good inner packing, it will be water-proof, moisture-proof, mildew-inhibiting, odor-proof and shock-proof. I don't need to worry about ocean transportation of the goods now.
Chen Qiran:	The tea you ordered this time is not enough to fill one standard container, and I am afraid that it has to be shipped with other goods in the container.
Smith:	Please pay attention to the inner and outer measurements of the cases, as there can be quite a big difference between them for corrugated paper cartons. If it is not properly arranged, you may not be able to fit everything into one standard container, resulting in higher freight.
Chen Qiran:	We will certainly see to that.

Lesson 11 Insurance

(1) Risks and the Scope of Insurance Coverage

Smith:	Mr. Chen, from which company should we apply for marine insurance to cover an international transaction?
Chen Qiran:	You can choose the appropriate insurance company according to the goods to be insured on the foreign trade insurance online platform, which will provide all insurance service for you. If the insured goods incur losses on the way of transportation, the insurance company will be responsible for the compensation.
Smith:	That conforms to the nature of international insurance business.
Chen Qiran:	That's correct. The insurance company is not liable for any loss or damage caused by the intentional act or fault of the policy-holder or by the failure to perform contractual responsibilities by the two parties, or those arising from normal losses in transit.
Smith:	That is the same too. Could you please tell me the main insurance coverage by insurance companies in your country?

Chen Qiran: It mainly includes F.P.A., W.P.A. and all risks, three categories in all. At the request of the policy-holder, general additional risk and special additional risk can also be covered.

Smith: How long is the period from beginning to end of the insurance liability?

Chen Qiran: Generally speaking, we adopt the warehouse to warehouse clause which is commonly used in international insurance. However, in the case of such special additional risk as war risk insurance, the warehouse to warehouse clause does not apply, and there are additional provisions for transshipment. The details are highly complex.

Smith: That being the case, I'll have to make a careful study of the insurance law of your country.

(2) Insurance Coverage

Smith: Mr. Chen, could you give a brief account of the insurance coverage for F.P.A. in your country?

Chen Qiran: OK. As the term implies, it guarantees that the goods arrive safely in sea or land transportation. To be more exact, it means that the insurance company will be liable for the total loss of the insured goods caused in the course of transit by natural calamities or by accidents.

Mary: Does it include particular average?

Chen Qiran: Are you referring to the kind of losses that are not included in the general average—partial and deliberate sacrifice of the ship, freight, or goods undertaken for the common safety of the adventure in time of peril?

Mary: That's correct.

Chen Qiran: The original meaning of F.P.A. in English is free of particular average.

Mary: Does your W.P.A. cover particular average then?

Chen Qiran: Yes, it does. W.P.A. means with particular average in English. The coverage of W.P.A. includes partial losses caused in the course of transit by natural calamities apart from the entire insurance coverage for F.P.A.

Mary: It means that the coverage of W.P.A. is wider than that of F.P.A. then.

Chen Qiran: That's right and it requires a higher premium too.

Smith: Mr. Chen, since our order this time is placed on F.O.B. basis, how should we arrange the insurance then?

Chen Qiran: I suggest that you choose W.P.A.

Smith: Can we also insure against war risk and strike risk?

Chen Qiran: Sure you can, but those belong to the special additional risks.

Smith: OK. Now I understand, and we can proceed to the discussion of concrete terms for insurance.

(3) Premium and Indemnity

Smith: Mr. Chen, we placed this order on F.O.B. basis, and how are the liabilities to the risks divided between the two parties?

Chen Qiran: F.O.B. means free on board, that is to say, as soon as the goods are on board, the seller fulfills his task of delivery and the liabilities are transferred.

Smith: Then, the risks are borne by you before the goods are on board, and they are borne by us as soon as the goods are on board.

Chen Qiran: That is correct and it has been written into the contract.

Smith: Mr. Chen, as this batch of goods is vulnerable to breakage, can you insure against the risk of breakage for us?

Chen Qiran: That belongs to general additional risk. We can take out the insurance for you but the extra premium will be at your expense.

Smith: Accepted.

Chen Qiran: OK. As soon as the arrangement is made, we will send the insurance policy to you.

Mary: Thank you, Mr. Chen. Here is another question. In case shortage or breakage should be found upon arrival of the goods, how should we lodge claims?

Chen Qiran: You can claim for compensation on claims settlement and survey agents set by the insurance company with contract, insurance policy and relevant documents.

Smith: Even so, we do hope that everything will be going well.

Chen Qiran: Let's hope so.

Lesson 12 Customs and Commodity Inspection

(1) Customs and Commodity Inspection Practice

Chen Qiran: Mr. Smith, we can now begin our discussion on the clause concerning commodity inspection in our contract.

Smith: Mr. Chen, can you first brief us on the customs and commodity inspection practice of your country?

Chen Qiran: Sure. The customs must exercise supervision and control over the goods imported and exported, and that is an international convention. China is not excepted either.

Mary: Nevertheless, different countries may have different ways in exercising the supervision and control.

Chen Qiran: That is correct. The purpose of customs supervision and control is to safeguard the national interests and those of the trading partners. It is just natural that different countries may have different requirements in exercising supervision and control.

Smith: It is exactly because of this that there may be quite big differences in the inspection requirements, especially when it involves safety, sanitation, environmental protection and the quarantine of animals and plants. Then, does your country have any special laws and regulations?

Chen Qiran: The laws and regulations in this respect are quite complicated, and I suggest that you have a close look at our "Commodity Inspection Law" and the detailed rules and regulations for its implementation.

Smith: Good. Tariff is another question that I am concerned with. Can you, Mr. Chen, give us a brief introduction?

Chen Qiran: China has gradually lowered its tariff rate according to its WTO accession commitments. The average tariff rate has decreased from 15.3% to 9.8% since its accession in 2001. The average tariff rates for industrial and agricultural products have reduced from 14.8% and 23.2% to 8.9% and 15.1% respectively.

Mary: Mr. Chen, I have got another question.

Chen Qiran: Is it about the customs declaration formalities?

Mary: Yes, are they complicated in your country?

Chen Qiran: Not complicated at all. They are very fast and simple.

Mary: Can you elaborate a little bit?

Chen Qiran: Now all customs have adopted the automatic clearance system. Declaration, examination of documents, tax collection, inspection and clearance are all computerized into a network. The customs broker needs only to hand in the declaration form to the customs officer, wait at another window to get it back, and then he can bring his bill of lading or shipping order to go to the supervision and control site for the inspection and clearance procedures.

Mary: Oh, I now understand. The declaration is really fast and simple.

(2) Negotiation of Contract Terms

Chen Qiran: Mr. Smith, we have reached an agreement on many questions concerning commodity inspection.

Smith: Yes, we don't have any disputes on the inspection standards of quality, specifications, packing and quantity.

Chen Qiran: What do you think are the remaining questions then?

Smith: We need some further consultation concerning which institution is to issue the inspection certificate, and the time and place of the inspection.

Chen Qiran: I agree, as this has to do with the negotiation of payment, claim and its deadline.

Smith: We would like to have the quality and weight upon arrival as the basis.

Chen Qiran: Are you saying that the inspection is to be carried out by the inspection authorities at the port of destination?

Smith: Yes, and their inspection certificate is to be taken as the basis for negotiation of payment and claim.

Chen Qiran: Mr. Smith, this is seldom adopted in international business now. You know that this is obviously unfavorable to the seller.

Smith: What are your suggestions then, Mr. Chen?

Chen Qiran: The certificate issued by the inspection authorities at the port of loading in our country should be taken as the basis.

Smith: Ha ha, Mr. Chen, do you think it is fair to our side?

Chen Qiran: You retain the right of reinspection upon arrival of the goods.

Smith: That's not too bad, and we can accept it.

Chen Qiran: But the authority for reinspection should meet with our approval.

Smith: OK.

Chen Qiran: And the deadline for reinspection is within 30 days.

Mary: From which date do we start the counting?

Chen Qiran: From the date of arrival.

Mary: The port of destination for this batch of goods is extremely busy, and we can't finish unloading, unpacking and inspection within 30 days.

Chen Qiran: We know the situation of your port, and 30 days are ample for reinspection.

Mary: Are holidays included in the 30 days?

Chen Qiran: Oh, only working days of course.

Smith: OK, then, that's settled.

Chen Qiran: Mr. Smith, we need to fill out an application form for export inspection when going through the export formalities. We hope we can have your assistance.

Smith: You mean...

Chen Qiran: You know that we need to provide such documents as the contract, letter of credit, and letters exchanged.

Smith: Oh, I understand. Mr. Chen is worried that we would not open the letter of credit in time and you can't effect customs declaration.

Chen Qiran: Should the letter of credit not be in exact conformity with the contract, it affects not only customs declaration, but also the subsequent negotiation of payment. Don't you agree?

Smith: It is the most basic requirement to ensure that the contract and the documents are in conformity with each other, and we also hope that you will strictly perform this duty of yours.

Chen Qiran: Sure. We will send you in due time such documents as the invoice, waybill, bill of lading, packing list, and other shipping documents. We guarantee that nothing should go wrong.

Smith: Great! I hope we can take delivery of goods without a hitch, and you can safely and smoothly collect payment for them.

Lesson 13 Credit Risk and Its Management

(1) Awareness of Credit Risk

Zhang Xiang: Xiao Wang, now that we have had some contacts with Mr. Ross, what is your impression of him?

Wang An: Very good.

Zhang Xiang: Oh, can you be more specific?

Wang An: According to Mr. Ross, their company has abundant funds, does big business and has good commercial credibility. In a word, theirs is a big client.

Zhang Xiang: What else?

Wang An: And... He is very sincere and frank.

Zhang Xiang: Then, you think we can set our mind at ease in dealing with them boldly?

Wang An: Oh, of course, this is up to you, my general manager.

Zhang Xiang: You little slicker! Please go and contact Ditao Commercial Credit Management Company and we will discuss a commission business with them.

Wang An: General manager, you mean to entrust them with the credit survey? That is costly. Is it worthwhile?

Zhang Xiang: The consulting and survey fee is only several hundred dollars, and the business involves millions of dollars.

Wang An: But Mr. Ross says...

Zhang Xiang: Oh, it is not reliable just listening to the client or depending on one's own impression.

Wang An: I also know that in international trade, it is actually a kind of credit when you provide a foreign client with products or services before being paid and there exist credit risks. But...

Zhang Xiang: We can't suspect our clients without reason, is that it?

Wang An: Yes.

Zhang Xiang: But we must be aware of the credit risk. There are quite a large number of frauds in international trade and all countries in the world have had lessons of this kind. Therefore they all pay great attention to the assessment and management of credit risks. Here are some materials which you should read attentively.

(2) Entrusting a Deal of Credit Survey

David: Oh, welcome. Please take a seat.

Zhang Xiang: Mr. David, we have come to invite you to do a credit survey.

David: The secretary has given me your application form for that purpose.

Zhang Xiang: We are engaged in a negotiation for an international trade in goods and our partner is a new client. We know little about them apart from some correspondence between us and preliminary contacts.

David: Credit management generally includes three parts—credit survey, credit monitoring and control, and demanding payment of overdue debts. A credit survey should be the prerequisite for concluding a deal.

Zhang Xiang: That I understand. Not only with new clients, even old clients don't remain unchanged.

David: That's right. Old clients may have bad management, meet with difficulties in capital turnover, or even go bankrupt or close down. Or there are maybe changes of personnel or important changes in their management strategies. All of these may bring about credit risks.

Zhang Xiang: So we have kept files of our clients from the beginning. But the business is developing very fast, which involves large amounts of information, and we can only turn to the professional credit consulting and management companies for assistance.

David: Now the professional companies of this kind have realized international networking and standardization for credit survey and they have complete databanks that can satisfy the various requirements of the clients.

Zhang Xiang: What kind of information can we obtain then?

David: The first is the actual existence of the company. For instance, whether the name, address, telephone number, fax number and website of the company supplied by the buyer are genuine, and whether it is a registered company at all.

Zhang Xiang: There have been cases like this. When you find that both your goods and money are lost and you want to take a legal action, you discover that the other party has left behind only an empty house. It turns out that the company you are dealing with simply does not exist.

David: Ha, that is the so-called "briefcase company".

Zhang Xiang: After getting the money, they fled with the briefcase under the arm. Where can you find them?

David: Of course, what's even more important is that we check closely their payment records and other public records.

Zhang Xiang: That's right. What the seller is most concerned about is whether he can make payment for the goods safely without delay.

David: Some companies are solvent. They have the ability to pay for the goods in time and they did. Such records indicate their good commercial credibility.

Zhang Xiang: And we can set our mind more at ease when dealing with such companies.

David: Generally speaking, these companies would not delay or refuse to pay without cause or reason.

Zhang Xiang: Are the public records you referred to legal records and pledge records?

David: Yes. Through these records, you can get to know whether the company has ever been prosecuted, for what reason, the verdict of the judges, whether the assets of the company are in pledge, and to whom.

Zhang Xiang: Mmm, it is important to have such information, which can guard against potential risks.

David: Of course, an official credit and survey report also includes information about the company history, the shareholders, managers, performance, assets and debts, correspondent banks, and the credit and financial situations, etc.

Zhang Xiang: That would be excellent. When can we have the report then?

David: Do you want it to be delivered as normal or urgent?

Zhang Xiang: As our guests do not stay in China for long and they hope to sign the contract soon, we'd better have the report within one week.

David: No problem. We need to sign a copy of "Trust Deed of Credit Survey of a Company".

Zhang Xiang: What about the fees?

David: It is included in the trust deed.

Zhang Xiang: Fine. Please give me a copy of the trust deed.

Lesson 14 Signing the Contract

(1) Negotiating the Contract Terms

Chen Qiran: Mr. Smith, after a few rounds of friendly negotiations, we have reached an agreement. Can we go down to the discussion of the text of the contract?

Smith: Yes, on the basis of the previous rounds of negotiations, the wording of the contract will not be difficult. Neither of us is new in business, right?

Chen Qiran: We've had the experience and know that Mr. Smith is an astute and experienced expert, a master hand in trade negotiation indeed.

Smith: Oh, did I commit any breach of etiquette or make any offense in the negotiation?

Chen Qiran: No, no, I really admire you, Mr. Smith.

Smith: You are flattering me, Mr. Chen.

Chen Qiran: In order to facilitate the discussion, we have made a draft of the contract for your perusal, Mr. Smith.

Smith: I don't think there should be any problem about the beginning and ending parts of the contract, but we need to have a good look at the text of the contract and the appendices.

Chen Qiran: Sure, sure. The contract is a deed that stipulates the rights and obligations of the two parties, and neither of us will take it as a trifling matter.

Smith: You put it right. Both of us are honest and frank with each other. Neither of us will intentionally neglect or omit anything, as we don't want to leave any excuse for the subsequent non-performance of the contract.

Chen Qiran: I appreciate very much this attitude of yours, Mr. Smith.

Smith: Then I'll take it back and ponder over it carefully, and we'll discuss it tomorrow.

(2) Checking and Revising the Contract

Chen Qiran: Mr. Smith, how do you like the contract? Is there anything that needs to be added or further clarified?

Smith: I checked the articles of the contract one by one, and found that they are in exact conformity with our discussions, the terms are correctly used and the statements are clear and concise. On the whole I am satisfied.

Chen Qiran: Things would be much simpler then.

Smith: Yes, I fully agree to the clause about delivery and the mark made on the package of the commodity and I have no objection to the quality inspection and penalty clause either.

Chen Qiran: What about other clauses?

Smith: I think that the following words should be added after the date of delivery for extra emphasis: "Should the seller fail to deliver the goods as scheduled, the buyer has the right to lodge a claim".

Chen Qiran: All right. But since this transaction is done on F.O.B. basis, shouldn't we also insert the following: "Should the buyer fail to dispatch a vessel for the delivery of the goods as scheduled, the losses thus incurred to the seller shall be borne by the buyer".

Smith: OK. That's fair. Put both of them in. Er, as for the quality of the goods, can we change F.A.Q. to G.M.Q. ?

Chen Qiron: Mr. Smith, we still think that F.A.Q. is better. It stands for fair average quality, and the specifications have been clearly stated in the contract. G.M.Q. stands for good merchantable quality and it has uncertain definitions that will easily lead to disputes. We suggest that such terms be avoided.

Smith: All right, we'll agree to that, so we don't need to make any alterations here then. We'll inspect and accept the goods according to F.A.Q. terms.

Chen Qiran: Mr. Smith, if you don't have any more disagreements or additions to make concerning the contract and its appendices, we'll take it back to make the necessary alterations, getting ready for the signing tomorrow.

Smith: I have no other suggestions. See you again at the signing of the contract tomorrow.

(3) Signing of the Contract by Both Parties

Chen Qiran: Mr. Smith, we have prepared the contract with its appendices in duplicate, one written in Chinese and the other in English. Alterations and additions have been made concerning the questions we discussed yesterday. Will you please have a look? If there are no more questions, then we can sign it.

Smith: All right, let me have a look. Er, this is a concrete, clear and perfect contract that has avoided all ambiguous and obscure phrases. I am very much satisfied with it. It has laid a good foundation for our smooth execution of the contract.

Chen Qiran: It is also a good beginning for the friendly cooperation between us. We hope that our cooperation will continue.

Smith: Sure, a long-term cooperation.

Chen Qiran: Good. Let's sign then.

Lesson 15 Demanding Payment of a Debt

(1) Entrusting the Recovery of a Debt

Xu Tianmu: Mr. Ma, a foreign company owes us a sum of money and we have demanded the payment for many times to no avail. Now we have to ask for your assistance.

Ma Qianli: Ours is a debt-collecting agent and it is our great pleasure to provide you with our service.

Xu Tianmu: We hope that you can help us get back this sum of money as soon as possible.

Ma Qianli: We can understand your anxiety. Nowadays, defaulting on the payment for goods has become a frequent phenomenon in international trade, which is getting more and more serious. Our company receives applications for debt recovery every day.

Xu Tianmu: We are in a very difficult situation. If we cannot recover the money in one or two months, we can hardly carry on our business.

Ma Qianli: We will do our best. Now please tell me your case.

Xu Tianmu: I have brought with me the contract signed by both parties.

Ma Qianli: Good. First we need to know some basic information such as the company name, address, telephone number, and the contact person of the debtor.

Xu Tianmu: We did a credit survey and found that all the information you mentioned was genuine.

Ma Qianli: It might be true when the contract was signed but it might be otherwise now.

Xu Tianmu: You mean that company has gone bankrupt, Mr. Ma?

Ma Qianli: Oh, I didn't exactly mean that. I was saying that the present situation of that company is what we must investigate before we go to demand the payment of the debt.

Xu Tianmu: That I understand. Some companies suffered losses because it was not until they demanded payment that they found the debtor was either insolvent because of poor management or going bankrupt and closing down, or either had moved away maliciously or disappeared altogether.

Ma Qianli: Such things happen too frequently and it is not at all surprising.

Xu Tianmu: What else do we need to provide, Mr. Ma?

Ma Qianli: Documents to prove your rights as a creditor, such as the invoice, letter of credit, bill of lading and letters exchanged, apart from the contract.

Xu Tianmu: OK. I will have them sent to you immediately.

Ma Qianli: Mr. Xu, how much does the debtor owe you?

Xu Tianmu: Four million US dollars.

Ma Qianli: Oh, that is a fortune. How long has it been outstanding?

Xu Tianmu: Nearly three years.

Ma Qianli: Nearly three years? And you haven't taken any actions for the recovery of the money for such a long time?

Xu Tianmu: We did all we could, and we even forced the other party to sign a "memorandum of payment". But the debtor still used all different reasons to refuse to pay.

Ma Qianli: Such memorandum is a mere scrap of paper for an international debt.

Xu Tianmu: That's true, but are there good ways for the recovery of such international debts?

Ma Qianli: During the past three years, didn't you ask for the help from a professional debt-collecting agent?

Xu Tianmu: No, we didn't.

Ma Qianli: That is regrettable. Now 60% of the debts in international trade are being pursued by professional debt-collecting agents.

Xu Tianmu: When do the creditors normally put forward their applications?

Ma Qianli: Generally speaking, the creditor should start the investigation before the action of recovery whenever the account receivable is 60 days overdue. And they should entrust a professional debt-collecting agent to demand payment when it is 90 days overdue.

Xu Tianmu: Then, is it too late for us to apply now?

Ma Qianli: According to global statistics for debt recovery, if a debt is overdue for longer than 240 days, the probability of its recovery is only 50%.

Xu Tianmu: Then we will suffer a great loss.

Ma Qianli: Please don't worry too much, Mr. Xu. We will take immediate action, and please give us your close cooperation.

Xu Tianmu: We surely will.

(2) Contacting the Debtor

David: Mr. Hans, it is really not easy to meet with you.

Hans: Oh, I am very busy. My secretary told me that you had something important to see me about. What is it?

David: Let me introduce myself first. My name is David Green.

Hans: Did we meet somewhere?

David: No, I have been asked by somebody else to see you.

Hans: Who is it?

David: A trading company in China, and here is my letter of attorney.

Hans: Oh, you are the executive officer in charge of debt-collecting from the Asian International Factoring Company. I don't remember owing

	your client any money.
David:	Oh, this is a debt of four million US dollars. Have you forgotten, Mr. Hans?
Hans:	Mmm....
David:	Do I have to show you the contract, invoice, and your record of payment?
Hans:	Oh, I would let the department concerned have a check before I give you a reply.
David:	When will you give me the reply then?
Hans:	As soon as possible.
David:	Mr. Hans, this debt has been outstanding for more than three years. It cannot be delayed any longer.
Hans:	Sure, sure.
David:	We hope that you can settle this debt satisfactorily and you know the consequence of not paying the debt.
Hans:	Sure. Life is not easy either if someone comes to the door to demand payment every day, is it?

(3) Progress Report

Ma Qianli:	Mr. Xu, the reason why I have invited you to come today is to report to you the progress of our debt-collecting.
Xu Tianmu:	Do you have good news?
Ma Qianli:	We have contacted the debtor for several times, and explained to him the severe consequence of outstanding debts so as to bring great reputation pressure upon him and persuade him to pay off the debt.
Xu Tianmu:	Was it effective?
Ma Qianli:	No. Later, we bombarded him with phone calls, faxes, and postage-due mail, and sent debt collectors to his doorway to press him for payment of the debt, which gave him no peace day and night.
Xu Tianmu:	What was the result?
Ma Qianli:	It looks that we have met with a person who holds "money I don't have, and life I have but one".
Xu Tianmu:	What happened later?
Ma Qianli:	While continuously pressing him for payment, we carried out a

large amount of careful investigations and found that company was heavily in debt, already on the brink of bankruptcy.

Xu Tianmu: Can we appeal to the court to obtain the creditor's lien before their declaration of bankruptcy?

Ma Qianli: It's too late. The debtor company has received several verdicts from the court against it and two creditor companies have obtained the creditor's lien of its assets.

Xu Tianmu: There is no way to get our four million US dollars back then?

Ma Qianli: I think we have completed our investigation into and analysis of the debtor's situation. We have done all we can.

Xu Tianmu: Isn't there anything else that you can do?

Ma Qianli: We believe that any further action against the debtor is merely a waste of your money. We are sorry but we have to close this case.

Xu Tianmu: It seems that we believed in the other party too readily and now we have to eat our own bitter fruit.

Lesson 16 Claim and Arbitration

(1) Inferior Quality

Smith: Mr. Chen, I am very sorry to inform you that the quality of 10% of the bottled Qingdao Beer which you exported this time is not up to the standard set in the contract. We cannot but lodge a claim for compensation.

Chen Qiran: Qingdao Beer is our famous brand product that enjoys a good international reputation too. In our negotiation we agreed to conclude a deal according to our usual practice against the brand name and trademark, we are confident of the quality of the goods and you also take it as trustworthy. How come that such a problem should have occurred?

Mary: We have asked the commodity inspection department to examine the goods carefully and they found that 10% of the goods are not up to the standard. Maybe it has been caused by a change in the bottles.

Chen Qiran: In the contract we do agree to your right of reinspecting the goods but it must be carried out by a notary organization approved by us. Have you got the certificate of inspection issued by them?

Mary: Yes, here it is.

Chen Qiran: Fine. We'll look into the matter and then give you a reply. If the situation is just as you said, we will indemnify you.

(2) Short Weight

Chen Qiran: Mr. Smith, concerning the fertilizer we ordered from you, the actual weight received by us does not conform to the contract stipulations and therefore we cannot effect payment as stipulated in the contract.

Smith: We have included a more or less clause in the article concerning quantity. Short weight within the limits shown in that clause should be allowed.

Chen Qiran: But the short weight has far exceeded the 8% allowed in the contract.

Mary: How could that have happened? Are you sure you have not made a mistake?

Chen Qiran: No. The certificate of inspection issued by our Commodity Inspection Bureau indicates that there are two different kinds of packing for this lot of fertilizer. One is 100kg per bag and the other is 120kg per bag. The short weight may have been caused by a miscalculation in shipment.

Smith: Oh, please show me the certificate issued by your Commodity Inspection Bureau. Er, we have made a mistake indeed. I am very sorry about it and we will settle the claim accordingly.

Chen Qiran: It's nothing serious. Even a winged steed may slip. Please don't take it too hard.

(3) Damage and Loss of Goods

Smith: Mr. Chen, after inspection, we found that the porcelain ware we ordered from you suffered a heavy loss from breakage. I am very sorry about it and cannot but lodge a claim against you.

Chen Qiran: Mr. Smith, we cannot accept your claim before we find out the actual cause of damage because there may be many different reasons for the breakage. This transaction was done on F.O.B. basis. If the damage occurred on or before the time of shipment, no doubt the responsibility is ours. But if it was caused in transit, according to the risk transfer clause in the contract, it is not our responsibility any more.

Mary: Inspection shows that the breakage was actually your own fault. Mr. Chen, please have a look at this.

Chen Qiran: All right. Er, I regret to say that it is our responsibility because the damage was caused by improper packing and rough handling of goods. We'll accept your claim. But because porcelain ware is easily breakable, the contract allows for 1%—2% breakage. That should be taken into consideration when settling the claim.

Smith: Mr. Chen, your request is a reasonable one, which we can accept. In view of our future business relations, we can make a concession concerning the indemnity, which can be offset by replacement of the damaged goods.

Chen Qiran: OK. Thank you.

(4) Mediation of Dispute and Arbitration

Chen Qiran: Mr. Smith, concerning Contract No. 453, its payment has been delayed for more than two months and the negotiation of payment has been rejected. No result has been achieved through repeated negotiations. We see no alternative but to refer the matter to arbitration.

Smith: The responsibility is not ours for the non-negotiation of payment.

Chen Qiran: Why isn't it yours? It is because of a mistake in the stipulations of your letter of credit.

Mary: That is not true. The contract stipulates that dried Handan chilies are sold against the samples, F.O.B. Xingang, Tianjin, total value being US$ 750 000, packed in 20kg—25kg bags, payment by letter of credit. We opened the L/C in due time and dispatched a vessel for the delivery of the goods. We have acted in exact accordance with the contract stipulations.

Chen Qiran: Please don't forget, Mr. Smith, the vessel dispatched by you was too small, without enough shipping space, and you made a temporary request for us to change the packing into smaller bags of 15 kilos each. You at the same time promised to amend the L/C terms accordingly. We entered into a verbal agreement at that time. However, after the goods were shipped, you failed to keep your promise and that caused the inconsistency between the documents and the L/C, which in turn resulted in the non-negotiation of payment.

Smith: Mr. Chen, you seem to be joking. How can a verbal agreement be counted on for such a big deal? The L/C was opened in exact accordance with the contract. We have to honor the contract. How can its stipulations be altered at will?

Chen Qiran: We have told the truth. Both your undertaker and the shipping company can evidence that. How can you go back on your promise, Mr. Smith?

Smith: I haven't. On the contrary, what you said is ungrounded, Mr. Chen. I believe that the fundamental reason for the non-negotiation of payment was that the goods supplied are not of the same quality as the samples. It is you who have not acted in exact accordance with the contract.

Chen Qiran: That is not true.

Mary: The breakage rate is much higher than what is allowed in the contract.

Chen Qiran: That is because the vessel you sent was too small and the goods were squeezed into the hold. The responsibility is not ours.

Mary: The contract stipulated for Handan chilies but the shipment included quite a large proportion of Shanxi chilies.

Chen Qiran: Oh, we did explain during our negotiation that this was a large order and the time allowed for delivery was too short for us to obtain enough supply of the stipulated goods in time. But you made repeated requests for us to meet your demand. Mr. Smith, you couldn't have forgotten, could you?

Smith: Yes, we both make allowances for the difficulties of each other.

Chen Qiran: It was in view of our friendship and cooperation that we proposed to fill the order with some Shanxi chilies. Not only did you give your consent, you also expressed repeatedly your thanks to us.

Smith: Yes, but was it stipulated in the contract?

Chen Qiran: But we did reach a verbal agreement.

Smith: I am very sorry. You Chinese attach importance to sentiment and we Westerners to reason. We can only act according to the signatory contract.

Chen Qiran: It looks like we cannot come to an agreement. We'll have to refer the matter to arbitration.

Smith: We agree.

Lesson 17 Agency Agreement

(1) Asking to Become the Sole Agent

Ross: Mr. Li, excuse me for coming straight to the point. The purpose of my coming to China this time is to talk with you about the question of your sales agency in the United States.

Li Ning: You are most welcome. We are more than willing to discuss this question with you, Mr. Ross.

Ross: You know, Mr. Li, that we have achieved marked success in distributing your products for many years.

Li Ning: What you said is true, Mr. Ross, and we appreciate it very much.

Ross: If you appoint us your sole agent in the United States of America, I believe that is beneficial to both parties.

Li Ning: Oh, do you think the conditions are already mature at present for such appointment?

Ross: We do have the ability and conditions to act as your sole agent.

Li Ning: However, according to the market research we did in your country, there is a great demand for our products there, but the volume of your orders was rather limited. That's the reason why we have to establish business relations with many other clients in your country.

Ross: Things may be quite different if you let us gain a monopoly on selling your products.

Li Ning: Why?

Ross: As a matter of fact, it was just because you established a number of agency relations in our country, which gave rise to fierce competition, and we mainly distributed products from other sources. Our sales of your products in the past few years were of a trial nature and naturally the volume of our orders was limited.

Li Ning: Do you mean to say that you are going to cut off the business relations with other companies and concentrate all your efforts on the sale of our products?

Ross: Yes, and that depends on whether you will give us this honor and opportunity.

Li Ning: I do admire your talent and daring spirit, Mr. Ross. Can you provide us with some more detailed information such as about your business performance, network, channels and modes of operation, and your plan as a sole agent?

Ross: I have brought them with me.

Li Ning: Ah, you have come fully prepared. Good, let's have a discussion of the matter.

(2) Rights and Obligations

Li Ning: Mr. Ross, after consideration, we are very glad to ask you to be our sole agent in your country.

Ross: We feel greatly honored.

Li Ning: Today, let's discuss some details.

Ross: Good. Will you please, Mr. Li, give us an idea about our rights and obligations?

Li Ning: As our sole agent, you gain the monopoly on selling our products in your country.

Ross: That means you promise not to establish other agency relations in our country, does it?

Li Ning: Yes, and you will receive commission and remuneration which you are entitled to in accordance with the agency agreement.

Ross: This is the international convention as well.

Li Ning: As for your obligations, we also abide by some common international practices.

Ross: Good. That will minimize subsequent disputes.

Li Ning: As our sole agent in your country, you are not supposed to deal in the same kind of or similar products from other countries. Nor are you supposed to reexport our products to the places outside your country.

Ross: These are reasonable restrictions, which we can accept.

Li Ning: You also have to guarantee a certain annual sales volume and total sales value according to the price agreed upon by the two parties.

Ross: That's natural, but the sales quota and the commission should be reasonable, and the commission should be increased for the extra sales on top of the quota.

Li Ning: That can be discussed, but if you fail to perform or do not push the sale actively so that the quota is not fulfilled, the commission will have to be deducted accordingly, or the status as a sole agent may even be annulled.

Ross: This is also fair.

Li Ning: As an agent with exclusive rights, you may act as a go-between, solicit orders, and sign business contracts with clients as our agent. But there is one thing I must tell you bluntly beforehand.

Ross: Please go ahead.

Li Ning: You have to inform us of all factual conditions with no reservation. In the agency service, you shall not accept bribes, seek personal gain, or gang up with a third party to jeopardize our interests.

Ross: Oh, these belong to the minimum professional ethics as an agent, and exhortation is not necessary.

Li Ning: In order to improve our production, we hope that you will provide us semiannually with a market research report and the customers' feedback to our products without delay. Remuneration will also be paid for this kind of information.

Ross: There shouldn't be any problem about that. Since we are now in the same boat and have common interests, we should keep each other informed and consult with each other about measures to be taken.

Li Ning: Let's join hands and cross the river in the same boat.

(3) Quota and Commission

Li Ning: Mr. Ross, today we are going to negotiate the sales quota and commission.

Ross: Mr. Li, you might as well suggest a sales quota for our consideration.

Li Ning: All right. As Mr. Ross knows extremely well about the sales situation of our products in the international market, there is no need for me to give further explanation. I would come straight to the point.

Ross: I like this style of work.

Li Ning: As the sole agent of our corporation in your country, your annual total sales value should not be less than US$ 20 million.

Ross: 20 million? Isn't it too high? According to our prediction of our domestic market, even if we exert all our efforts, the best we can do is US$15 million for a year.

Li Ning: The total sales value of our products in your country now has far exceeded US$ 20 million. Aren't you a bit too conservative, Mr. Ross?

Ross: But there are many variable factors in the market, which are quite unpredictable.

Li Ning: But when you become our sole agent, you will have no competitor and therefore will have control over the entire market. You needn't worry a bit about accomplishing the quota of US$ 20 million.

Ross: All right then. Let it be US$ 20 million. But the commission must be 5%.

Li Ning: Isn't what you ask a bit unreasonable?

Ross: Not at all. Mr. Li, you certainly know the accounts, that is, the expenses and efforts required in order to fulfill the annual sales quota. What's more, you didn't give me any room for bargaining just now, did you?

Li Ning: All right. We'll accept your proposal as well. About the validity of this sole agency agreement, can we make it shorter this time, say three years?

Ross: That's fine by me.

Li Ning: When the term of three years expires, if both parties think that it is necessary to continue with this kind of cooperation, we can negotiate the extension of the term then.

Ross: Good. Will you please prepare a draft agreement for our early signature?

Lesson 18 International Trading Network Platform

(1) Breakthrough of Traditional Trading Method

Mike: Mr. Zhao, I heard that China's Internet develops fast. Is online international trade available now?

Zhao Lin: Yes, of course. Our country's network technology enjoys fast development and great popularization. The Internet is available not only in cities but also in rural areas.

Mike: Is it? It is so great. Information is no longer blocked, and we can contact with each other more easily.

Zhao Lin: Yes, the first thing we do after we get up every morning is to open the computer to check our email box.

Mike: Oh, this is a habit of all of us.

Zhao Lin: You are right. The development of modern information technology not only helps the development and prosperity of the information industry itself, but also exerts deep influence on people's life, work style and traditional economic and trade relations.

Mike: What is the change in international trade in China?

Zhao Lin: Network technology-based e-commerce becomes the trend in world's economic and trade development. Online shopping and trading have become a fashion. China's foreign trade is also like this. International trade can be done on the Internet.

Mike: Can it?

Zhao Lin: You can first trade online paperlessly, and then deal with texts and documents.

Mike: That's great. Things are much easier!

Zhao Lin: Maybe one day paperless trade can be fully realized!

(2) Diversified Online Trading Platform

Mike: Mr. Zhao, we may have noticed that online trade has changed the way of trade. It can even be said that traditional trade habits have been completely changed.

Zhao Lin: Yes, you are right. It is the result of the rapid development of Internet technology.

Mike: Can you tell me China's current situation?

Zhao Lin: Of course. China's Internet penetration rate has been at the forefront of the world. The Internet technology develops rapidly and makes remarkable achievements. At present, there are many online trading platforms, and the most important forms are B2B and C2C. B2B means Business to Business, which closely links enterprises' internal websites with customers through B2B sites to achieve online transactions.

Mike: Can I easily find a B2B website in China?

Zhao Lin: Yes. For example, Haier's cross-border e-commerce platform, as one of the most influential B2B platforms now, is committed to looking for foreign buyers and large orders for domestic manufacturers by combining trading, payment, logistics with finance; the B2B social platform carefully designed by Alibaba Group is the world's largest B2B platform currently.

Mike: Then we can easily find Chinese enterprises on B2B platforms! So what about C2C platforms?

Zhao Lin: It is known to us all that C2C, which means Consumer to Consumer, is an online trading platform for buyers and sellers, where sellers can provide goods for online auction, and buyers can choose and bid for goods freely according to their own needs and then close the deal.

Mike: Is eBay, the world's largest C2C international trade sales site, accessible in China?

Zhao Lin: Of course! Its influence is growing.

Mike: Why?

Zhao Lin: The platform provides buyers and sellers with necessary technical support, such as releasing product information, developing pricing strategy, selecting products, and paying online.

Mike: It's like a business adviser and consultant!

Zhao Lin: In fact, China has a lot of professional business platforms, such as international trade insurance, customs clearance, logistics and distribution, online payment, and so on. It also has e-commerce enterprises and official websites. The Chinese government also allows foreign cross-border business platforms to enter the Chinese market. There are many cross-border business platforms in China now.

Mike: So, there are a variety of platforms to choose from and you can browse online anytime. It is very great and I won't have to make a special trip to China for business.

Zhao Lin: The traditional trading method is quite costly because the travelling expense for the business alone is very high.

Mike: Sometimes it is even a loss-leader! Now with cross-border business platforms, you can capture the opportunity to complete the transaction, which realizes high speed, great efficiency, low cost and profit maximization.

Zhao Lin: The dream of the traditional trade era has come true now!

Mike: However, in current e-commerce, illegal operations and even commercial fraud often occur. The security of online trading has always been a headache for businessmen.

Zhao Lin: This is indeed a worldwide problem. However, we can encrypt and use the tracking system to monitor the whole process of transaction so as to avoid possible risks in time.

Mike: Even so, we still cannot rest easy!

Zhao Lin: Yes, the network is a virtual world. There are high-grade and multi-lane highways and bumpy mud roads with traps as well. But we cannot see or touch them.

Mike: The metaphor is so vivid!

Zhao Lin: In today's world, social life is highly informationized. We need the joint efforts of all countries to build a peaceful, safe, open and cooperative cyberspace. China has always been a strong defender of cyber security. I firmly believe that with the development of network technology, network risks can eventually be controlled.

Mike: We all believe that!

Lesson 19 Modes of Trade Promotion Abroad

(1) Modes of Promotion

Chen Qiran: Mr. George, our corporation will further open up market in your country and we hope that we can have your cooperation.

George: We are old friends and I will do my utmost. But how can I be of help?

Chen Qiran: You know that in the past we were accustomed to dealing with foreign importers, exporters, agents, and wholesalers. In this way we sometimes had to go through five or six middlemen before we could enter the retail market in a foreign country.

George: This mode of operation had too many intermediate links, resulting in high cost, slow feedback and high foreign exchange risks.

Chen Qiran: No one would disagree with you. This outdated and backward mode of operation can no longer suit the present situation of international trade.

George: The emergence of e-business has formed a tremendous charge against this traditional mode. The development of transnational corporations and the globalization of the world's economy also require that the management strategy be changed and the management level be raised.

Chen Qiran: Our corporation has come to a sober understanding of this point.

George: What is your plan then?

Chen Qiran: In order to develop foreign markets in a deep-going manner, we will first of all change the operation style of waiting in the shop to promotion by visiting the clients.

George: Please go ahead.

Chen Qiran: We have decided to organize a delegation to visit your country so that the parties of supply and demand can meet face to face.

George: I can act as a go-between.

Chen Qiran: We particularly wish to establish relations with large-scale international chain stores so that our products can enter their purchasing systems.

George: That is a wise decision.

Chen Qiran: A large-scale chain store may have hundreds or even thousands of outlets, is that so?

George: Yes, especially those large-scale international chain stores. They may have outlets all over the world.

Chen Qiran: Just imagine. If our products could enter the purchasing system of such a chain store, wouldn't it be the same as entering hundreds or even thousands of retail shops?

George: That's true, but it is no easy matter trying to enter the purchasing systems of these chain stores.

Chen Qiran: We know. The key lies in whether our goods have strong competitive power.

George: And they should be known by the consumers, salable and in good demand.

Chen Qiran: Yours is a professional consulting firm and that's the reason why we invite your vigorous help.

George: We can provide relevant information.

Chen Qiran: Not only that.

George: You want us to plan a large-scale campaign to promote public relations for your company, is that right?

Chen Qiran: Yes, we'd like to whip up opinion in your country.

George: To cause a strong sensational effect.

Chen Qiran: Yes, to attract large chain stores in your country. The more, the better.

George: Then, you will carry on various activities to let the participating

	entrepreneurs know your company and your products.
Chen Qiran:	To do all we can to make them our trading partners, and establish with us stable supply and marketing relations.
George:	Good, we are duty-bound to plan well this campaign of public relations.

(2) Exhibitions and Fairs

Chen Qiran:	Mr. George, our company has planned to attend some overseas commodity exhibitions and fairs, and I'd like to ask for your advice on several questions.
George:	It is my pleasure to be of help to you.
Chen Qiran:	You know that joining trade fairs is a production marketing strategy that is frequently used.
George:	Yes, successful participation in one exhibition may increase the popularity of the enterprise and its products to the maximum, which may result in surging sources of revenue.
Chen Qiran:	But the success of joining an exhibition is restricted by many factors.
George:	First and foremost, it is to choose the right door to enter.
Chen Qiran:	That's exactly where I need your help. Now there are all kinds of exhibitions, commodity exhibitions and fairs, both comprehensive and specialized. We must make our own choice.
George:	You must select the best-known ones that suit your business scope.
Chen Qiran:	And so we ask you to provide us with some information such as the nature of the shows, sponsors, participants, sources of visitors, and the publicity campaign by the sponsors.
George:	And the environment of the exhibition venue, necessary services, and the fees for participating.
Chen Qiran:	Yes, they are all important.
George:	We can provide you with a copy of detailed information.
Chen Qiran:	I have another question about the import and export procedures for the exhibits.
George:	Is your country a member of the ATA documentary book?
Chen Qiran:	Yes.

George: That makes things simple. The ATA documentary book is like the passport for the clearance of goods. The ATA documentary book guaranteed by the issuing chamber of commerce can both substitute as provisional documents for the clearance of goods, and be used as guarantee for the exemption from customs duty on temporary importation.

Chen Qiran: That's terrific. In this way, we'll have enough time to participate in the exhibition in a leisurely manner.

(3) Commodities Fairs

Chen Qiran: Mr. George, we have received your materials about the commodity exhibition.

George: Are you satisfied?

Chen Qiran: Fantastic. Thank you.

George: You are welcome. Oh, may I ask a question?

Chen Qiran: Sure you can.

George: Why didn't you think of joining a commodities fair? Or even holding one by yourself?

Chen Qiran: Of course we did. But it is of a much larger scale. We must ship enough commodities for visitors to choose and purchase. They will be disappointed if there are not enough commodities.

George: Don't you have enough supply of the goods?

Chen Qiran: It is not that. But it involves more complicated formalities and higher expenses. And we don't know enough about the market situation in your country yet.

George: Even so, I still suggest that you hold a commodities fair at an appropriate time. I know the interest in and demand for your goods by the people of my country.

Chen Qiran: Thank you, Mr. George. We will take your suggestion into serious consideration.

George: A commodities fair can be run for the negotiation of orders, for the introduction to commodities and for technological exchange, killing several birds with one stone.

Chen Qiran: Yes, apart from visiting and choosing from a variety of goods,

	negotiations can be conducted for large orders, contracts can be signed, special seminars and lectures can be given to introduce commodities and new technology, and operations and demonstrations can be carried out on site.
George:	In this way many more visitors can be attracted to the exhibition hall and a sensational effect can be created.

Lesson 20 Canton Fair

(1) Meeting the General Manager

Song Jie:	Mr. Carter, you are warmly welcome to attend China Import and Export Fair.
Carter:	Thank you for your kind invitation, General Manager, and I am greatly honored. This is the first time for me to attend the fair. Please accept my sincere congratulations on the opening of the fair.
Song Jie:	Thank you. There are many other friends who have come for the first time too. Canton Fair is becoming more and more prosperous.
Carter:	I think that the reasons are as follows: firstly, China's implementation of the policy of opening up to the outside world has enlivened its economy, prospered the market and increased its foreign trade capacity so that clients from all over the world are attracted, and secondly, Guangzhou is China's south gate, neighboring Hong Kong, which facilitates the coming and going of foreign businessmen.
Song Jie:	You are absolutely right, Mr. Carter. China started to hold its Export Fair in Guangzhou in 1957. Because it is held at Guangzhou, it is also known as Canton Fair. Two fairs, one in spring and the other in autumn, have been held each year ever since then. From the 101st session, its name has been changed to China Import and Export Fair, with import function included.
George:	I didn't expect the Canton Fair to have such a long history!
Song Jie:	The fair has assembled all the national import and export corporations and various categories of export commodities. On the basis of equality and mutual benefit, the fair combines exhibition

with transaction, and import with export. Deals are concluded after examining the samples on the spot. Both the sellers and the buyers feel that the fair, saving time and energy, is convenient as well as practical.

George: That's very good indeed. In such an arena of trade, which is highly concentrated, including a wide range of business and allowing a high level of selectivity, one can do all kinds of business according to one's own choice.

Song Jie: That's true. Canton Fair is a form of foreign trade which indeed has unique Chinese characteristics. In recent years, Canton Fair has also undergone great changes. It has become a comprehensive, multifunctional venue for foreign trade.

Carter: Oh, it seems that my coming here has indeed been the right thing to do. I not only can feast my eyes but will go back with glory too.

(2) Visiting the Exhibition Halls

Song Jie: Mr. George, the fair building occupies an area of 120 000 square meters, with more than 50 thousand exhibits on display. There are exhibition halls and negotiation rooms on each floor. We cannot see all of them at one go. What are the goods that you are most interested in, Mr. George?

George: I am particularly interested in the products of light industry, foodstuffs and handicrafts. But since this is my first visit here, I would like to see as much as I can.

Song Jie: All right, let's have a look around. We will have a longer stay in those halls that you are interested in.

George: That's fine.

Song Jie: Look, without noticing, we are already in the exhibition hall for the cereals, oils and foodstuffs trading delegation.

Carter: Oh, there are so many things on display. The great variety of exhibits is really a feast for the eyes.

Song Jie: Dear gentlemen, most of the confectioneries, cakes and canned foods on display here are of top quality, with special flavor and fine packaging. They are extremely good as gifts.

Carter: Er, I should take some of them back so that my friends may have a taste of them.

Song Jie: Mr. George, this is the hall for the silks trading delegation. The exhibits include materials, semi-finished products, and deep-processed high-grade finished products, with diversified and serialized designs and varieties. It is the best window to a comprehensive understanding of Chinese silks.

George: Oh, they are really beautiful, so many piles of silk as beautiful as bouquets of flowers that I simply cannot take them all in. China deserves the name of "the country of silks".

Song Jie: Mr. George, we are now in the exhibition area for high-tech, famous, excellent, new and special products.

George: I'd like to have a close look at this area. Oh, this is Haier, this is Changhong, that is Midea and we have Little Swan as well.

Song Jie: You are very familiar with them, Mr. George.

George: Oh, these are all internationally famous brands and they are sold in big stores in our country.

Song Jie: Yes, these famous brand products have been sold far and wide to various countries in the world. This session of the fair has allocated the most prominent position for the display of the new-generation products of these famous brands.

Carter: This hall is big. Are they all high-tech products?

Song Jie: Yes, they are all high-tech products with high value added. Apart from household appliances, there are IT products, audio-visual products, office automation products and medical instruments.

Carter: What kind of enterprises are they produced by?

Song Jie: They mainly come from production enterprises that handle their foreign trade business independently, and those enterprises with foreign investment. Three kinds of foreign-invested enterprises have been developing very fast in recent years and they are more and more active in foreign trade. Their presence at Canton Fair will surely attract more foreign businessmen to come and invest in China.

Carter:	Yes, I'll have to study this matter earnestly as well.
Song Jie:	You are most welcome to seize the opportunity. Don't let it slip as it may never come again.
Carter:	Sure, sure.
Song Jie:	Mr. George, the Fair is holding several large-scale international symposia. Would you like to go and listen to them?
George:	What are the topics under discussion?
Song Jie:	"Strategy for the International Market", "The Future of Intelligent Robots and Smart Home", "Smarter and Greener—Product Design from the Perspective of Withdrawal from Market", etc.
George:	Oh, they are all important issues. Let's go to the symposium on "Strategy for the International Market".
Song Jie:	All right. I'll accompany you there. This way, please.
George:	Thank you. This trip to Guangzhou opens a new horizon to me, and is a feast for my eyes. It has been a worthwhile journey indeed.

生词总表

Vocabulary List

生词	拼音	课号

A

生词	拼音	课号
安宁	ānníng	15
按期	ànqī	8
按时	ànshí	9
案件	ànjiàn	13
案例	ànlì	13
案子	ànzi	15

B

生词	拼音	课号
罢	bà	11
拜访	bàifǎng	15
搬迁	bānqiān	15
板箱	bǎn xiāng	10
办理	bànlǐ	9
半成品	bànchéngpǐn	20
包装	bāozhuāng	10
饱满	bǎomǎn	5
保持	bǎochí	1
保护	bǎohù	10
保理	bǎo lǐ	15
保留	bǎoliú	17
保暖	bǎonuǎn	4
保守	bǎoshǒu	17
保险	bǎoxiǎn	5
保障	bǎozhàng	8
报酬	bàochou	17
报告	bàogào	13
报关	bàoguān	12
报价单	bàojià dān	4
报盘	bào pán	5
备货	bèihuò	9
备忘录	bèiwànglù	15
比例	bǐlì	7
比喻	bǐyù	4
必然	bìrán	8
必须	bìxū	16
必需品	bìxū pǐn	6
必要	bìyào	8
闭塞	bìsè	18
避免	bìmiǎn	9
变动	biàndòng	13
便捷	biànjié	18
便利	biànlì	20
标签	biāoqiān	10
标准	biāozhǔn	12
表示	biǎoshì	2
表述	biǎoshù	14
波动	bōdòng	8
博览会	bólǎnhuì	1
薄利	bólì	6
补偿	bǔcháng	7
补充	bǔchōng	14
捕捉	bǔzhuō	18
不必	búbì	16
不得已	bùdéyǐ	6
不断	búduàn	5

冲	chōng	10
冲击	chōngjī	19
冲销	chōngxiāo	16
充其量	chōngqíliàng	17
充足	chōngzú	6
重申	chóngshēn	8
抽屉	chōuti	6
酬金	chóujīn	17
酬劳	chóuláo	7
愁	chóu	17
丑话	chǒuhuà	17
出尔反尔	chū'ěr-fǎn'ěr	16
出具	chūjù	12
出言无据	chūyán wú jù	16
出证	chū zhèng	12
初次	chū cì	3
处理	chǔlǐ	9
处置	chǔzhì	15
储存	chǔcún	10
处	chù	1
传达	chuándá	10
传统	chuántǒng	18
传真	chuánzhēn	9
船舶	chuánbó	9
船位	chuánwèi	16
船舷	chuánxián	11
串通	chuàntōng	17
串味	chuànwèi	10
瓷器	cíqì	16
从容	cóngróng	19
从优	cóngyōu	6
粗略	cūlüè	12
催收	cuīshōu	15
存在	cúnzài	13
磋商	cuōshāng	9
措施	cuòshī	6

D

达成	dáchéng	14
答复	dáfù	15
大饱眼福	dà bǎo yǎnfú	20
大胆	dàdǎn	13
大豆蛋白纤维	dàdòu dànbái xiānwéi	4
大街小巷	dàjiē xiǎoxiàng	3
大型	dàxíng	1
代表团	dàibiǎotuán	1
代而不理	dài ér bù lǐ	17
代价	dàijià	7
代理商	dàilǐshāng	7
担保	dānbǎo	8
单独	dāndú	11
单据	dānjù	8
单证	dān zhèng	12
但愿如此	dàn yuàn rúcǐ	11
当今	dāngjīn	10
当面	dāngmiàn	20
档案	dàng'àn	13
到岸	dào àn	12
到期	dàoqī	8
道路	dàolù	1
等待	děngdài	4
等候	děnghòu	12
等于	děngyú	7
低廉	dīlián	7
的确	díquè	3
抵押	dǐyā	13
底	dǐ	5

地方	dìfāng	1
地区	dìqū	17
第一流	dì-yī liú	6
缔约	dìyuē	19
电子信箱	diànzǐ xìnxiāng	18
垫付	diànfù	8
调查	diàochá	3
调研	diàoyán	17
跌	diē	5
叮嘱	dīngzhǔ	17
订购	dìnggòu	1
订货单	dìnghuò dān	3
订货量	dìnghuò liàng	4
定额	dìng'é	17
定金	dìngjīn	8
定盘	dìng pán	6
动力	dònglì	8
动物	dòngwù	12
兜揽	dōulǎn	17
逗留	dòuliú	13
毒	dú	10
独家	dújiā	17
独特	dútè	20
度过	dùguò	2
短量	duǎn liàng	16
短缺	duǎnquē	6
对策	duìcè	17
吨	dūn	5
多边	duōbiān	8
多样	duōyàng	6

E

恶意	èyì	15
儿戏	érxì	14

F

发布	fābù	18
发盘	fā pán	5
罚款	fákuǎn	14
法规	fǎguī	12
法律	fǎlǜ	13
法院	fǎyuàn	15
繁忙	fánmáng	12
繁荣	fánróng	18
反复	fǎnfù	16
反馈	fǎnkuì	17
反映	fǎnyìng	17
返销	fǎnxiāo	8
范围	fànwéi	1
方案	fāng'àn	16
方式	fāngshì	8
方针	fāngzhēn	3
防潮	fángcháo	10
防腐剂	fángfǔjì	10
防霉	fáng méi	10
防水	fáng shuǐ	10
防污	fáng wū	4
访问	fǎngwèn	2
纺织品	fǎngzhīpǐn	1
放弃	fàngqì	5
放行	fàngxíng	12
费解	fèijiě	14
费心	fèixīn	2
分批	fēn pī	9
分析	fēnxī	15
纷纷	fēnfēn	1
风险	fēngxiǎn	6
佛	fó	10

否认	fǒurèn	5
服装	fúzhuāng	2
符合	fúhé	7
幅度	fúdù	5
付款	fù kuǎn	8
付清	fùqīng	7
负担	fùdān	11
负债累累	fùzhài lěilěi	15
附加险	fùjiā xiǎn	11
附加值	fùjiāzhí	3
附件	fùjiàn	14
附上	fùshàng	1
复检权	fùjiǎn quán	12
复杂	fùzá	11
副签	fù qiān	8

G

改变	gǎibiàn	19
改进	gǎijìn	10
概不负责	gài bú fùzé	11
概念	gàiniàn	14
感动	gǎndòng	2
港口	gǎngkǒu	5
高档	gāodàng	3
高度	gāodù	20
高科技	gāokējì	4
高明	gāomíng	19
高手	gāoshǒu	14
搞活	gǎohuó	20
隔热	gérè	4
跟踪	gēnzōng	18
更换	gēnghuàn	16
工艺	gōngyì	3
工艺品	gōngyìpǐn	3
公道	gōngdao	4
公平	gōngpíng	17
公证	gōngzhèng	16
供不应求	gōngbúyìngqiú	6
供货	gōng huò	5
沟通	gōutōng	7
估计	gūjì	9
古色古香	gǔsè-gǔxiāng	10
股东	gǔdōng	13
顾名思义	gùmíng-sīyì	11
顾全	gùquán	16
顾问	gùwèn	18
雇用	gùyòng	7
怪不得	guàibude	3
关闭	guānbì	15
关税	guānshuì	12
关系	guānxì	6
关心	guānxīn	4
关照	guānzhào	1
关注	guānzhù	4
官方	guānfāng	1
官员	guānyuán	12
惯例	guànlì	7
罐装	guàn zhuāng	10
广泛	guǎngfàn	3
广交会	Guǎngjiāohuì	1
归功于	guīgōng yú	18
规格	guīgé	8
规律	guīlǜ	10
滚滚财源	gǔngǔn cáiyuán	19
过程	guòchéng	2
过奖	guòjiǎng	14
过滤	guòlǜ	10

H

J

监控	jiānkòng	13
检验	jiǎnyàn	11
检疫	jiǎnyì	12
减收	jiǎn shōu	7
剪刀	jiǎndāo	6
简便	jiǎnbiàn	1
简明	jiǎnmíng	14
见怪	jiànguài	9
间接	jiànjiē	8
讲座	jiǎngzuò	19
降低	jiàngdī	12
降价	jiàngjià	5
交单	jiāo dān	8
交货	jiāo huò	5
交际	jiāojì	3
交涉	jiāoshè	16
交易会	jiāoyìhuì	1
胶	jiāo	10
椒干	jiāo gān	16
焦急	jiāojí	15
教训	jiàoxùn	10
接触	jiēchù	3
接风	jiēfēng	2
节假日	jiéjiàrì	9
杰克逊	Jiékèxùn	1
结合	jiéhé	20
结交	jiéjiāo	2
结识	jiéshí	1
竭尽全力	jiéjìn quánlì	17
介意	jièyì	16
届	jiè	20
届时	jièshí	2
界限	jièxiàn	16
借口	jièkǒu	14
金融	jīnróng	8
尽快	jǐnkuài	15
尽量	jǐnliàng	6
紧密	jǐnmì	18
尽力	jìnlì	3
进展	jìnzhǎn	15
经常	jīngcháng	6
经销	jīngxiāo	17
惊叹	jīngtàn	18
精加工	jīng jiāgōng	4
精力	jīnglì	17
精细	jīngxì	10
精致	jīngzhì	10
景气	jǐngqì	5
净价	jìngjià	7
竞价	jìngjià	18
敬佩	jìngpèi	14
静电	jìngdiàn	4
纠纷	jiūfēn	9
久享盛誉	jiǔ xiǎng shèngyù	6
举办	jǔbàn	1
巨大	jùdà	6
具备	jùbèi	17
具体	jùtǐ	1
具有	jùyǒu	9
决策	juécè	19
角色	juésè	15
均匀	jūnyún	5

K

开端	kāiduān	14
开立	kāi lì	8
开门见山	kāimén-jiànshān	17
开头	kāitóu	3

落后	luòhòu	19	目前	mùqián	5

M

麻	má	3
唛头	màitóu	14
满载而归	mǎnzài'érguī	20
满足	mǎnzú	2
毛	máo	3
毛尖茶	máojiān chá	6
矛	máo	6
冒	mào	6
冒犯	màofàn	14
煤矿	méi kuàng	8
霉烂	méilàn	5
美不胜收	měibúshèngshōu	20
美的	Měidì	20
美观	měiguān	10
美意	měiyì	6
蒙受	méngshòu	8
梦想	mèngxiǎng	18
弥补	míbǔ	6
密封	mìfēng	10
密切	mìqiè	1
棉	mián	3
免税	miǎnshuì	19
灭失	mièshī	16
民间	mínjiān	1
民族	mínzú	10
名称	míngchēng	13
名义	míngyì	17
名正言顺	míngzhèng-yánshùn	7
谋取	móuqǔ	17
目录	mùlù	1

N

乃至	nǎizhì	18
耐心	nàixīn	5
难忘	nánwàng	2
内容	nèiróng	13
能源	néngyuán	8
牛奶蛋白纤维	niúnǎi dànbái xiānwéi	4
纽约	Niǔyuē	1
诺言	nuòyán	16

O

欧盟	Ōuméng	20

P

拍卖	pāimài	18
牌（牌子）	pái (páizi)	6
判决	pànjué	13
赔偿	péicháng	11
配合	pèihé	15
配送	pèisòng	18
配套	pèitào	6
碰撞	pèngzhuàng	10
批	pī	5
批发	pīfā	19
皮包	píbāo	13
疲软	píruǎn	5
拼箱装运	pīn xiāng zhuāngyùn	10
品牌	pǐnpái	20
品位	pǐnwèi	8
品质	pǐnzhì	5

R

让步	ràngbù	5
热门货	rèménhuò	7
人工	réngōng	10
人事	rénshì	13
认可	rènkě	12
仍然	réngrán	5
日程	rìchéng	2
日益	rìyì	20
日用	rìyòng	6
容积	róngjī	16
柔软	róuruǎn	4
如期	rúqī	8
软饮料	ruǎnyǐnliào	10
锐减	ruìjiǎn	6

S

纱	shā	3
商会	shānghuì	19
商机	shāngjī	18
商检	shāngjiǎn	12
商务	shāngwù	1
商务部	Shāngwù Bù	1
赏光	shǎngguāng	2
上乘	shàngchéng	4
上诉	shàngsù	15
稍	shāo	2
舍不得	shěbude	10
设备	shèbèi	3
设计	shèjì	10
设宴	shè yàn	2
涉及	shèjí	3
申报	shēnbào	12
申请	shēnqǐng	11
深加工	shēnjiāgōng	4
审核	shěnhé	12
慎重	shènzhòng	5
生产	shēngchǎn	2
生米已经煮成熟饭	shēngmǐ yǐjīng zhǔchéng shúfàn	10
声誉	shēngyù	16
省	shěng	1
省力	shěng lì	10
胜利	shènglì	20
盛情	shèngqíng	2
失礼	shīlǐ	14
失蹄	shī tí	16
失望	shīwàng	19
失误	shīwù	16
石英钟	shíyīngzhōng	7
时尚	shíshàng	18
识货	shíhuò	5
实际	shíjì	6
实盘	shí pán	4
实施	shíshī	12
实务	shí wù	12
实现	shíxiàn	13
实质	shízhì	13
食糖	shítáng	6
市	shì	1
事故	shìgù	11
事实	shìshí	5
试探	shìtàn	17
试销	shìxiāo	3
适当	shìdàng	7
适销对路	shìxiāo duìlù	3
适应	shìyìng	19

受贿	shòuhuì	17
受理	shòulǐ	16
受载	shòu zài	9
授权	shòuquán	15
书面	shūmiàn	14
书写	shūxiě	14
赎单	shú dān	9
属实	shǔshí	16
属于	shǔyú	11
术语	shùyǔ	14
恕	shù	3
数据库	shùjùkù	13
数目	shùmù	8
爽身	shuǎng shēn	4
水渍险	shuǐ zì xiǎn	11
顺风	shùnfēng	1
瞬息万变	shùnxī-wànbiàn	6
说服	shuōfú	10
私利	sīlì	17
思路	sīlù	7
思想	sīxiǎng	2
速遣费	sù qiǎn fèi	9
随后	suíhòu	15
损耗	sǔnhào	11
损失	sǔnshī	6
索赔	suǒpéi	11
锁	suǒ	6

T

踏上	tàshàng	2
摊位	tānwèi	20
坦率	tǎnshuài	3
糖果	tángguǒ	20
倘	tǎng	16
讨债	tǎozhài	15
提单	tídān	12
提货	tíhuò	12
提前	tíqián	7
提取	tíqǔ	7
提走	tízǒu	9
体谅	tǐliàng	16
替代	tìdài	19
天津	Tiānjīn	1
添加剂	tiānjiājì	10
条件	tiáojiàn	6
条款	tiáokuǎn	8
调解	tiáojiě	16
调整	tiáozhěng	2
听从	tīngcóng	2
停留	tíngliú	20
通报	tōngbào	15
通常	tōngcháng	7
通关	tōngguān	12
通力合作	tōnglì hézuò	9
通气	tōngqì	17
通行	tōngxíng	12
通知	tōngzhī	16
同等	tóngděng	9
同类	tónglèi	7
同行	tóngháng	3
同业	tóngyè	17
同意	tóngyì	6
同舟共济	tóngzhōu-gòngjì	17
统计	tǒngjì	15
筒装	tǒng zhuāng	10
投保	tóubǎo	11
投产	tóuchǎn	8
投入	tóurù	17

投石问路	tóushí-wènlù	1
投资	tóuzī	3
透气	tòuqì	4
突破	tūpò	18
途中	tú zhōng	11
土地	tǔdì	2
推荐	tuījiàn	1
推销员	tuīxiāoyuán	7
推行	tuīxíng	4
拖欠	tuōqiàn	15
拖延	tuōyán	16
脱手	tuōshǒu	9
脱销	tuōxiāo	6

W

瓦楞纸	wǎléngzhǐ	10
外观	wàiguān	10
完备	wánbèi	13
完毕	wánbì	11
完成	wánchéng	11
完善	wánshàn	14
万事如意	wànshì rúyì	11
万无一失	wànwú-yìshī	10
王国	wángguó	3
网络	wǎngluò	13
网站	wǎngzhàn	18
网址	wǎngzhǐ	13
危机	wēijī	8
危难	wēinàn	11
违规	wéiguī	18
维持	wéichí	15
维护	wéihù	12
委派	wěipài	1
委托	wěituō	3
委员会	wěiyuánhuì	1
位置	wèizhì	20
文本	wénběn	14
文字	wénzì	14
稳定	wěndìng	6
稳固	wěngù	19
乌龙茶	wūlóngchá	6
无端	wúduān	13
无故	wúgù	13
五光十色	wǔguāng-shísè	20
五花八门	wǔhuā-bāmén	19
务必	wùbì	8
物流	wùliú	18

X

吸湿	xī shī	4
希望	xīwàng	1
洗尘	xǐchén	2
系统	xìtǒng	12
细节	xìjié	8
细则	xìzé	12
先进	xiānjìn	3
先例	xiānlì	7
显著	xiǎnzhù	17
现场	xiànchǎng	12
现代	xiàndài	10
陷阱	xiànjǐng	18
相对	xiāngduì	5
相应	xiāngyìng	5
香甜	xiāngtián	5
箱	xiāng	6
详尽	xiángjìn	19
享有	xiǎngyǒu	17
项目	xiàngmù	3

Y

遗漏	yílòu	14
以便	yǐbiàn	9
以往	yǐwǎng	17
一般	yìbān	8
一成不变	yìchéng-búbiàn	13
一举多得	yìjǔ-duōdé	19
一盘	yì pán	4
一体化	yìtǐhuà	19
一无所知	yì wú suǒ zhī	10
一纸空文	yìzhǐ-kōngwén	15
义不容辞	yìbùróngcí	19
义务	yìwù	9
议付	yì fù	8
异议	yìyì	9
易拉罐	yìlāguàn	10
意识	yìshí	13
意外	yìwài	11
溢短装	yì duǎn zhuāng	16
因素	yīnsù	8
印度	Yìndù	5
印刷	yìnshuā	10
营销	yíngxiāo	19
影响	yǐngxiǎng	8
佣金	yòngjīn	7
优先	yōuxiān	6
忧患	yōuhuàn	18
邮件	yóujiàn	15
有备而来	yǒu bèi ér lái	17
有来有往	yǒu lái yǒu wǎng	3
有限	yǒuxiàn	17
余地	yúdì	17
舆论	yúlùn	19
与会	yùhuì	19
预测	yùcè	17
预防	yùfáng	13
原谅	yuánliàng	4
原料	yuánliào	20
原则	yuánzé	7
圆满	yuánmǎn	14
远期	yuǎn qī	8
愿望	yuànwàng	17
约定	yuēdìng	9
约请	yuēqǐng	17
约首	yuē shǒu	14
约尾	yuē wěi	14
越过	yuèguò	11
允许	yǔnxǔ	1
运输	yùnshū	5
运作	yùnzuò	17

Z

灾害	zāihài	11
再三	zàisān	16
赞成	zànchéng	5
赞赏	zànshǎng	17
造成	zàochéng	9
责任	zérèn	8
增强	zēngqiáng	20
债权人	zhàiquánrén	15
债务	zhàiwù	13
债务人	zhàiwùrén	15
展区	zhǎnqū	20
占有	zhànyǒu	15
战略	zhànlüè	19
战争险	zhànzhēng xiǎn	11
涨价	zhǎngjià	5
掌握	zhǎngwò	13
账户	zhànghù	8

账款	zhàng kuǎn	13	制造	zhìzào	10
招商	zhāoshāng	1	致力于	zhìlì yú	18
召回	zhàohuí	20	滞期费	zhì qī fèi	9
照办	zhàobàn	8	滞销	zhìxiāo	6
照顾	zhàogù	6	中成药	zhōngchéngyào	3
遮光	zhē guāng	4	中断	zhōngduàn	17
折扣	zhékòu	7	中国通	Zhōngguó tōng	2
真实	zhēnshí	13	中间商	zhōngjiānshāng	7
争夺	zhēngduó	7	中途	zhōngtú	9
争议	zhēngyì	7	衷心	zhōngxīn	20
争执	zhēngzhí	14	仲裁	zhòngcái	16
征税	zhēng shuì	12	重大	zhòngdà	9
正本	zhèngběn	9	重视	zhòngshì	10
正式	zhèngshì	14	周密	zhōumì	15
正文	zhèngwén	14	周转	zhōuzhuǎn	8
证件	zhèngjiàn	11	竹纤维	zhú xiānwéi	4
证明	zhèngmíng	8	逐项	zhú xiàng	14
证书	zhèngshū	12	主办	zhǔbàn	19
政策	zhèngcè	20	主顾	zhǔgù	6
支持	zhīchí	3	主管	zhǔguǎn	15
支付	zhīfù	7	主体	zhǔtǐ	20
执行	zhíxíng	14	主贤客来勤	zhǔ xián kè lái qín	2
直达	zhídá	9	主要	zhǔyào	3
直接	zhíjiē	4	瞩目	zhǔmù	18
直截了当	zhíjié-liǎodàng	17	助手	zhùshǒu	1
直言	zhíyán	3	注册	zhùcè	13
职业	zhíyè	17	注明	zhùmíng	8
植物	zhíwù	12	注重	zhùzhòng	6
指定	zhǐdìng	9	驻	zhù	1
指甲刀	zhǐjiadāo	6	祝贺	zhùhè	20
至关重要	zhì guānzhòngyào	9	抓紧	zhuājǐn	20
制单	zhì dān	9	专程	zhuānchéng	18
制品	zhìpǐn	3	专题	zhuāntí	19
制约	zhìyuē	19	专业	zhuānyè	1

专营	zhuān yíng	17
转机	zhuǎnjī	6
转嫁	zhuǎnjià	5
转口	zhuǎnkǒu	17
转移	zhuǎnyí	11
装潢	zhuānghuáng	10
装饰	zhuāngshì	4
装卸	zhuāngxiè	9
状况	zhuàngkuàng	3
追收	zhuī shōu	13
准备	zhǔnbèi	3
准确无误	zhǔnquè wúwù	12
咨询	zīxún	13
资产	zīchǎn	13
资格	zīgé	17
资金	zījīn	6
资料	zīliào	1
资信	zīxìn	13
滋补品	zībǔpǐn	6
子公司	zǐgōngsī	1
自动化	zìdònghuà	12
自食苦果	zìshí kǔguǒ	15
自主	zìzhǔ	4
宗	zōng	9
综合性	zōnghéxìng	1
总公司	zǒnggōngsī	1
总体上	zǒngtǐ shang	14
走俏	zǒuqiào	4
足够	zúgòu	9
阻燃	zǔrán	4
组成	zǔchéng	10
组织	zǔzhī	2
遵循	zūnxún	17
琢磨	zuómo	14
作风	zuòfēng	17
作为	zuòwéi	7
做证	zuòzhèng	16